SUPERFOOD
Smoothies & Säfte

TINA LEIGH

SUPERFOOD
Smoothies & Säfte

100 leckere und vitalisierende Rezepte
mit den kraftvollsten Lebensmitteln der Welt

Aus dem Amerikanischen von Helga Schenk

HANS-NIETSCH-VERLAG

INHALT

WAS MACHT SUPERFOODS SO SUPER?

Goji-Beeren, Hanf, Chia, Leinsamen, Maca, Kakao oder Weizengras – haben Sie sich auch schon gefragt, was diese Lebensmittel zu sogenannten Superfoods macht, während andere, die Sie immer für unglaublich gesund gehalten haben, diese Auszeichnung nicht bekommen? Dann sind Sie nicht die Einzigen! Viele Menschen, die sich für Superfoods interessieren, stellen sich diese Frage – trotz der üblichen Erklärungsversuche wie beispielsweise, dass Superfoods reich an Nährstoffen und unserer Gesundheit sowie unserem Wohlbefinden besonders zuträglich sind. Viele, und vielleicht gehören Sie auch dazu, verstehen noch immer nicht, warum diese Lebensmittel so „super" sind. Ich versichere Ihnen: Es liegt nicht daran, dass ein paar Fans von berühmten Promis auf sie schwören oder dass sie einfach gerade „in" sind. Es gibt tatsächlich berechtigte Gründe, warum gerade diese Lebensmittel als „Superfoods" bezeichnet werden.

WAS SUPERFOODS AUSZEICHNET, IST IHRE NÄHRSTOFFDICHTE

Vor allem die hohe Nährstoffdichte macht aus einem Nahrungsmittel ein Superfood. Unter Nährstoffdichte versteht man das Verhältnis der in einem Lebensmittel enthaltenen Nährstoffe zu seinem Energie- oder Kaloriengehalt. Bei Superfoods ist das Nährstoff-Kalorien-Verhältnis besonders günstig. Sie sind - insbesondere im Vergleich zu anderen gesunden Lebensmitteln - also besonders nährstoffreich und gleichzeitig kalorienarm.

Ein Bewertungssystem zur Bestimmung der Nährstoffdichte ist der Index ANDI (*Aggregate Nutrient Density Index*), der Ende der 1990er-Jahre von Dr. Joel Fuhrman, dem Arzt und Autor des Buches *Eat for Health*, entwickelt und 2012 überarbeitet wurde. ANDI bewertet den Gehalt von 23 verschiedenen Nährstoffen - u. a. von Antioxidantien, Mineralstoffen, Vitaminen, Aminosäuren und essenziellen Fettsäuren - in jedem Lebensmittel. Danach werden die Lebensmittel auf einer Skala von ANDI 0 (am wenigsten nährstoffreich) bis ANDI 1000 (mit einem Maximalgehalt an Nährstoffen) eingestuft. Um Ihnen die Nährstoffdichte eines Superfoods im Vergleich zu einem anderen relativ gesunden Nicht-Superfood zu erläutern: Grünkohl liegt auf der ANDI-Skala bei einem Wert von 1000, die Karotte hingegen bei 336. Lebensmittel mit wenigen Nährstoffen wie etwa Butterkekse und Limonade, erreichen gerade mal einen Wert im einstelligen Bereich.

Ernährungsexperten klassifizieren Lebensmittel nach dem Messverfahren ORAC (*Oxygen Radical Absorbance Capacity*) als Superfoods. Der ORAC-Wert gibt an, bis zu welchem Grad ein Nahrungsmittel aufgrund seiner antioxidativen Wirkung in der Lage ist, freie Radikale unschädlich zu machen. Je höher der ORAC-Wert, desto höher ist auch die antioxidative Wirkung des Lebensmittels. Um Ihnen eine Vorstellung davon zu geben, welche antioxidative Kraft ein Superfood aufweisen muss, um als solches angesehen zu werden, hier folgendes Beispiel: Orangen haben einen ORAC-Wert von 3000, Kirschen von 3700, Heidelbeeren von

6500 und Goji-Beeren, ein bekanntes Superfood, liegt an der Spitze dieser Charts mit einem ORAC-Wert von sage und schreibe 25.000! Unglaublich, oder?

SUPERFOODS UND SÄURE-BASEN-HAUSHALT

Neben ihrer Nährstoffdichte zeichnen sich Superfoods auch durch ihre günstigen Auswirkungen auf den Säure-Basen-Haushalt (den pH-Wert) des Körpers aus. Die Abkürzung pH (lat. *potentia hydrogenii*), die für die Stärke der Wasserstoffionen-Konzentration steht, ist eine Maßeinheit für das Säure-Basen-Verhältnis. Optimal für unsere Gesundheit ist ein ausgewogener Säure-Basen-Haushalt. Die pH-Skala reicht von 0 bis 14, wobei die Werte von 0 bis 6,9 im sauren Bereich liegen und die Werte von 7,1 bis 14 im basischen (alkalischen). Ein pH-Wert 7 gilt als neutral.

Wenn unser Säure-Basen-Gleichgewicht zu sehr von dem idealen Bereich zwischen 7,35 und 7,45 abweicht, können unsere Körpersysteme nicht richtig funktionieren und wir verspüren möglicherweise Symptome entzündlicher Erkrankungen. Zudem können sich krankhafte Zellen, wie ich in den folgenden Kapiteln noch erläutern werde, in einer sauren Umgebung nicht regenerieren und nahezu alle degenerativen Erkrankungen wie Krebs, Herzerkrankungen und Arthritis gehen mit einem erhöhten Säurespiegel einher.

Die Lebensmittel, die wir zu uns nehmen, beeinflussen in hohem Maße den pH-Wert unseres Körpers. Je höher die Nährstoffdichte, desto höher ist die basische Wirkung. Deshalb ist es so wichtig, dass wir Lebensmittel mit einer möglichst hohen Nährstoffdichte zu uns nehmen. Die in der westlichen Welt übliche Ernährungsweise wird als äußerst säurelastig angesehen. Aber nicht alle Nahrungsmittel, die uns sauer vorkommen, sind es auch tatsächlich und sollten daher nicht vom Ernährungsplan gestrichen werden. Zitronen sind ein gutes Beispiel dafür: Sie schmecken zwar sauer, aber wenn diese Säuren in unserem Körper auf Enzyme treffen, wirken sie basisch. Am Ende dieses Buches finden Sie Websites (siehe „Bezugsquellen", Seite 198 ff.) mit sogenannten PRAL-Tabellen, in denen die saure oder basische Wirkung von zahlreichen Lebensmitteln aufgelistet ist (siehe dazu auch „Literaturempfehlungen", Seite 202).

DIE NAHRUNGSMITTEL UNSERER URAHNEN SIND DIE SUPERFOODS VON HEUTE

Nahezu alle Superfoods, die scheinbar in den letzten Jahrzehnten entdeckt wurden, gibt es tatsächlich schon seit Tausenden von Jahren. Goji-Beeren werden beispielsweise in verschiedenen asiatischen Kulturen seit mehr als 3000 Jahren angebaut und wegen ihrer die Langlebigkeit fördernden Eigenschaften hoch geschätzt. In Südamerika werden Chiasamen und Maca-Wurzeln schon seit der Zeit der Inkas und Azteken genutzt, um Energie und Ausdauer zu fördern und den Sexualtrieb zu steigern.

Die über den Globus verstreuten Ureinwohner lebten nicht mit dem Luxus, Nahrungsmittel ihrer Wahl einfach anbauen zu können. So war das Essen knapp und die Menschen mussten sich mit der begrenzten Auswahl an Nahrungsmitteln zufriedengeben, die es gab. Und das bedeutete wiederum, dass die wenigen Pflanzen, die sie anbauen und verzehren konnten, den größtmöglichen Nährwert haben mussten. Die begrenzte Menge an zur Verfügung stehenden Lebensmitteln musste ihnen alle essenziellen Nährstoffe für Gesundheit, Kraft, Ausdauer und Vitalität liefern.

Darüber hinaus mussten die Pflanzen, die sie anbauten, widerstandsfähig sein, d. h., sie mussten härtesten Umweltbedingungen trotzen, seien es eisige Winterstürme oder extreme Höhenlagen wie im Himalaja oder in den Anden. Viele der Lebensmittel, die sie anbauten, waren kraftvoll, unverwüstlich, äußerst nahrhaft und es gab sie schon seit Tausenden von Jahren auf der Erde. Die Grundnahrungsmittel unserer Urahnen sind die Superfoods von heute. Wir dürfen uns glücklich schätzen, dass wir einen so einfachen Zugang zu ihnen haben. Probieren Sie sie doch einmal selbst aus!

In den nun folgenden Kapiteln möchte ich Ihnen zwanzig meiner Lieblings-Superfoods vorstellen – als erlesene Zutaten in Säften, Smoothies sowie anderen leckeren und so gesunden Drinks! Die in den Rezepten angegebenen Mengen können Sie natürlich auch ganz nach Geschmack und individuellen Vorlieben variieren.

In den „Bezugsquellen" (siehe Seite 198 ff.) finden Sie Einkaufstipps für die meisten der in diesem Buch vorgestellten Superfoods sowie für einige weitere Zutaten.

Teil I

DIE SUPER-
FRÜCHTE

KAPITEL 1

GOJI-BEEREN

DIE „ROTEN DIAMANTEN" UNSERER NAHRUNG

Falls Sie ihr nicht schon längst verfallen sind, wird Sie diese leckere und äußerst nahrhafte Beere verführen. In ganz Asien werden Goji-Beeren (*Lycium barbarum*) wegen ihrer Schönheit und ihrer unglaublich nährenden Eigenschaften auch als „rote Diamanten" bezeichnet.

Die leuchtend orangeroten Beeren haben es Gesundheitsbewussten bereits seit Jahren angetan. Wahrscheinlich haben Sie sie auch schon in Müsliriegeln, Smoothies, Tee, Studentenfutter, Müslis, Salaten, Desserts und Schokolade gesehen oder gegessen. Die Zugabe von Goji-Beeren erhöht die Nährstoffdichte jedes Nahrungsmittels oder Getränks. Sehr beliebt sind sie in kulinarischen Kreisen wegen ihrer einzigartigen Geschmackskombination aus rauchig, leicht salzig und fruchtig-herb. Sie sind die ideale Ergänzung für kräftige Geschmacksnoten wie Kakao, Zitrus und Vanille.

DIE ANTIOXIDATIVE WUNDERBEERE

Goji-Beeren gibt es schon seit Tausenden von Jahren. Ursprünglich wurden diese Wunderbeeren hauptsächlich in Tibet und China angebaut, wo sie als Lebenskraft steigerndes Nahrungsmittel und Schlüssel zur Langlebigkeit bekannt waren. Im *Journal of Alternative and Complementary Medicine* wurden 2008 die Ergebnisse einer Placebo-kontrollierten Doppelblindstudie veröffentlicht, die die gesundheitsfördernden

Eigenschaften der Goji-Beere bestätigt und gezeigt hat, dass eine einzigartige Gruppe von chemischen Wirkstoffen, die sogenannten Polysaccharide, zur Steigerung der sportlichen und sexuellen Leistungsfähigkeit der Probanden führte sowie tieferen Schlaf und eine gesündere Darmfunktion bewirkte. In einer 2011 von denselben Forschern durchgeführten Studie, die im *Journal of the American College of Nutrition* veröffentlicht wurde, konnte gezeigt werden, dass der Verzehr von Goji-Beeren bei den Probanden zu einer Steigerung der Stoffwechselaktivität und zur Gewichtsabnahme führte. Darüber hinaus berichteten sie über gesteigertes Wohlbefinden und ein erhöhtes Energieniveau.

Goji-Beeren enthalten zudem erstaunlich viele Antioxidantien, mit deren Hilfe die von freien Radikalen (Atomen mit einer ungeraden Anzahl von Elektronen) verursachten Schäden bekämpft werden können. Warum ist das so wichtig? Atome oder Moleküle gehen bevorzugt chemische Verbindungen mit gebundenen Elektronenpaaren ein. Manchmal spaltet sich jedoch ein Elektron ab. Das zuvor „gesättigte" Atom bzw. Molekül wird dadurch zu einem unstabilen freien Radikal, das seinerseits versucht, ein Elektron von einem stabilen

Atom an sich zu binden. Dadurch entstehen in der Folge weitere freie Radikale, die wiederum zu einem Ungleichgewicht führen. Freie Radikale können Zellen angreifen und die DNA schädigen, Krankheiten sowie oxidativen Stress auslösen und zu einer Art „Verrosten" von innen heraus führen, vergleichbar mit dem Braunwerden von Apfelschnitzen an der Luft.

Umweltverschmutzung, Zigarettenrauch und eine ungesunde Ernährung fördern die Entstehung von freien Radikalen. Im Körper findet dieser Kampf zum Erreichen einer gesunden intrazellulären Struktur zwar ständig statt, wird jedoch auf Dauer mehr Energie darauf verwendet, das durch freie Radikale entstehende Ungleichgewicht auszugleichen, so bleibt ihm weniger Energie für die gesunden Organfunktionen.

Antioxidantien sind Pflanzenstoffe, die die Entstehung von oxidativem Stress verlangsamen. Goji-Beeren sind wahre Antioxidantien-Kraftpakete. Sie stehen, wie in der Einführung bereits erwähnt, mit einem ORAC-Wert von 25.000 an der Spitze der Radikalfänger-Charts!

Goji-Beeren enthalten eine hohe Konzentration an Vitamin A und prozentual mehr Vitamin C als jedes andere Lebensmittel auf der Erde – mit Ausnahme der Camu-Camu-Beeren, auf die wir im nächsten Kapitel näher eingehen werden. Und wenn Sie täglich 2 Esslöffel (etwa 14 Gramm) getrocknete Goji-Beeren knabbern, haben Sie damit bereits 20 Prozent der empfohlenen Tagesdosis Eisen zu sich genommen. Eisen ist ein lebenswichtiger Nährstoff, der Sauerstoff in das Gewebe, die Organe und das Blut transportiert. Wenn Sie einen zu niedrigen Eisenspiegel haben, kann dies zu einer Anämie (Blutarmut) führen. Sollten Sie vermuten oder wissen, dass dies bei Ihnen der Fall ist, können Sie sich zur Ankurbelung der Aufnahme dieses lebensnotwendigen Mineralstoffs mit roten Goji-Beeren gut aufpäppeln.

Goji-Beeren sind reich an Kalium, das eine Vielzahl von wichtigen Körperfunktionen unterstützt. Eine Menge von 30 Gramm getrockneten Goji-Beeren liefert 500 Milligramm Kalium, das sind etwa 25 Prozent der empfohlenen Mindesttagesdosis eines Erwachsenen. Kalium ist dafür bekannt, dass es einen ausgeglichenen Wasserhaushalt und die gesunde Funktion der Hirnanhangsdrüse (Hypophyse) fördert. In der Hypophyse wird das Wachstumshormon (HGH) erzeugt, das mit zunehmendem Alter abnimmt. Die Stimulierung der HGH-Erzeugung bremst den Muskelabbau, lässt Fettreserven schmelzen und macht unsere Haut straffer und elastischer.

Und nicht zuletzt enthalten Goji-Beeren unglaubliche 16 Prozent Eiweiß (Trockengewicht)!

IMMUNSTÄRKENDE UND ENTZÜNDUNGSHEMMENDE WIRKUNG

Die Polysaccharide in Goji-Beeren sind hochwirksame Immunstimulanzien, die das Wachstum von gesunden Darmbakterien begünstigen. Da die Regulierung unseres Immunsystems zu mehr als 90 Prozent im Darm stattfindet, wird es umso besser unterstützt, je gesünder unsere Darmflora ist. Mit einem starken Immunsystem kann unser Körper Krankheiten und Virusinfektionen besser bekämpfen. Deshalb haben sich Goji-Beeren auch den Ruf des Krankheitskillers erworben. Jahrtausendelang haben die Einwohner Nordchinas sie als Mittel zur Bekämpfung von Entzündungskrankheiten eingesetzt. Es heißt, das Trinken von Goji-Beeren-Tee bringe Linderung bei chronischen Schmerzen, Arthritis, Asthma und Allergien. Das Hauptanbaugebiet für Goji-Beeren ist die Ningxia-Hui-Region im Nordwesten von China, wo nachweislich mehr über Hundertjährige als im Rest des Landes leben. Die Goji-Beere wird dort so sehr verehrt, dass jedes Jahr ein zweiwöchiges Fest zu Ehren ihrer gesundheitsfördernden Wirkung abgehalten wird. Sie muss schon etwas Besonderes sein, um so gefeiert zu werden!

Kauf und Aufbewahrung von Goji-Beeren

Goji-Beeren-Extrakt ist derzeit total „in". Dieses hochkonzentrierte Pulver stellt eine bequeme Form dar, um cremigen Desserts, Säften und Smoothies den Geschmack und die gesundheitsfördernden Wirkungen von Goji-Beeren zu verleihen. Ich verwende das leuchtend orangerote Pulver am liebsten zum Garnieren und streue etwas davon auf meine Smoothies. Sie erhalten das Superpulver in Ihrem Bioladen oder können es in Online-Shops bestellen (siehe „Bezugsquellen", Seite 198 ff.).

Achten Sie darauf, getrocknete Goji-Beeren in Bio-Qualität tibetischen Ursprungs statt der chinesischen Wolfsbeeren (wie sie auch genannt werden) zu kaufen (siehe „Bezugsquellen", Seite 198 ff.).

Bewahren Sie Ihre Goji-Beeren in einem luftdicht verschließbaren Behälter kühl und trocken auf (z. B. in Ihrer Speisekammer oder Ihrem Vorratsraum). Wenn Sie in einer Region mit feuchtem Klima leben, können Sie sie auch im Kühlschrank lagern. Bei richtiger Lagerung behalten getrocknete Goji-Beeren ihren vollen Geschmack und ihre Nährwerte bis zu sechs Monate lang.

✦ROSAROTES JUWEL✦

Der enthaltene Ingwer macht diesen frisch gepressten Saft besonders gesund. Die Phytostoffe der Ingwerwurzel, die sogenannten Gingerole, wirken Entzündungen entgegen und helfen, Gelenk- und Muskelschmerzen zu lindern. Zitronen haben eine entgiftende Wirkung, denn sie aktivieren die Leberfunktion, und das Pektin der Äpfel unterstützt die gesunde Darmfunktion. Süßsaure Äpfel unterstreichen den fruchtig-herben Geschmack des Goji-Safts. Der frische Zitronensaft verleiht dem Ganzen eine leckere Lebendigkeit und macht diesen Saft zu einem erfrischenden Getränk für jede Tageszeit.

Zubereitungszeit: 5 Minuten

Geräte: Entsafter

Ergibt: etwa ½ Liter Saft

Zutaten:

1 Handvoll Petersilie

etwa 1 cm frische Ingwerwurzel, geschält

1 Zitrone, geschält (mit der weißen Haut)

1½ große säuerliche Äpfel (z. B. die Sorte Fuji), halbiert und entkernt

175 ml Goji-Saft pur (Seite 14)

Zubereitung:

Petersilie, Ingwer, Zitrone und die Apfelhälften in den Entsafter geben. Den Saft in ein hohes Glas oder einen Krug füllen, den Goji-Saft dazugeben und vorsichtig umrühren. Genießen Sie diesen Drink am besten sofort Schluck für Schluck.

✦GOJI-SAFT PUR✦

Wenn Sie Ihren Goji-Beeren-Saft selbst herstellen, sparen Sie Geld und erhalten eine naturreine, frische, flüssige Kostbarkeit, die reich an immunstärkendem Vitamin C und Antioxidantien ist – kurzum einen idealen Helfer zur Abwehr von Krankheiten. Zudem ist dieser schmackhafte Saft zuckerfrei. Zucker ist ein unnötiger Zusatzstoff, der den im Handel erhältlichen Säften häufig zugesetzt wird. Dieser nährstoffreiche Goji-Drink schmeckt fruchtig-herb und süß zugleich. Sie können ihn pur oder als Zusatz in Smoothies und anderen Säften genießen.

Zubereitungszeit: 8 bis 12 Stunden (inklusive Zeit zum Durchziehen)

Utensilien und Geräte: 1-Liter-Glaskrug mit gut verschließbarem Deckel, Mixer und feines Sieb

Ergibt: etwa 1 Liter Saft

Zutaten:

80 g getrocknete Goji-Beeren in Rohkostqualität
1 l gefiltertes Wasser

Zubereitung:

Goji-Beeren und Wasser in einen großen Glaskrug geben. Den Deckel gut verschließen und bei Zimmertemperatur mindestens 8 bis 12 Stunden lang ziehen lassen.

Die eingeweichten Beeren mit dem Wasser in einen Mixer geben und bei hoher Geschwindigkeit 1 Minute lang pürieren.

Dann den Saft durch ein feines Sieb in den Glaskrug gießen und im Kühlschrank aufbewahren. Der Saft hält sich im Kühlschrank 7 Tage.

✦FLÜSSIGER SONNENSCHEIN✦

Dieser Karottensaft ist die reinste Energiebombe! Er enthält eine unglaubliche Menge an Karotinoiden, die vorbeugend gegen Herz-Kreislauf-Erkrankungen und Krebs wirken. Sowohl Karotten als auch Goji-Beeren sind reich an diesen kraftvollen Antioxidantien. Die Kombination aus frisch gepresstem Orangen- und Zitronensaft, reinigendem Goji-Beeren-Saft und süßem Karottensaft macht diesen Saft zu einem herrlich cremigen und nährstoffreichen Elixier.

Zubereitungszeit: 5 Minuten

Geräte: Entsafter

Ergibt: etwa ½ Liter Saft

Zutaten:

½ Zitrone, geschält
   (mit der weißen Haut)
1 mittelgroße Orange, geschält
   (mit der weißen Haut)
3 mittelgroße Karotten, von den
   Enden befreit
175 ml Goji-Saft pur (Seite 14)

Zubereitung:

Die Zitrone, die Orange und die geputzten Karotten in den Entsafter geben. Den Saft in ein hohes Glas oder einen Krug füllen, Goji-Saft pur dazugeben und vorsichtig umrühren. Genießen Sie diesen Power-Drink sofort in kleinen Schlucken.

✦MORGENRÖTE✦

Diesen süßen, fruchtig-herben Smoothie und die Vorteile seiner nährstoff-reichen Bestandteile können Sie genießen, wann immer Sie mögen. Die Datteln, Erdbeeren und Goji-Beeren versorgen Sie mit einem Drittel Ihres täglichen Ballaststoffbedarfs und die Minze fördert auf natürliche Weise die Verdauung. Beim Mischen der ungewöhnlichen Kombination aus Minze, Orangen und Goji-Beeren mit frischen oder tiefgefrorenen Erdbeeren entsteht eine herrlich erfrischende Geschmacksnote. Das ausgewogene, feine Aroma ist einfach himmlisch!

Zubereitungszeit: 5 Minuten

Geräte: Mixer

Ergibt: etwa 1 Liter Smoothie

Zutaten:

150 g frische oder tiefgefrorene Erdbeeren

1 EL Goji-Beeren-Pulver in Bio-Qualität

1 gehäufter TL Orangenschale (von einer Bio-Orange!)

6 bis 10 frische Minzblätter (nach Belieben)

3 Medjoul-Datteln, entkernt

360 ml Kokos- oder ungesüßte Mandelmilch

4 bis 6 Eiswürfel (bei Verwendung von frischen Erdbeeren)

Zubereitung:

Erdbeeren, Goji-Beeren-Pulver, Orangenschale, Minze, Datteln, Kokos- oder Mandelmilch mit Eis (falls Sie frische Erdbeeren verwenden) in den Mixer geben.

Bei hoher Geschwindigkeit 20 Sekunden lang pürieren oder bis eine homogene, cremige Mischung entsteht.

In ein dekoratives Glas füllen und sofort in kleinen Schlucken genießen.

✦SCHOKO-DROP✦

Dieser cremige Smoothie schmeckt nicht nur wie ein leckerer Nachtisch, sondern versorgt Sie auch mit einer Megadosis an krankheitsbekämpfenden Vitalstoffen. Der rohe Kakao liefert zusätzlich zu der bereits beeindruckenden Menge in den Goji-Beeren weitere 61 Antioxidantien. Dank der Zugabe von pflanzlichem Eiweiß und ballaststoffreicher Avocado sättigt dieser Smoothie für Stunden. Die Geschmackskombination von dunkler Schokolade und Goji-Beere ist einfach zum Dahinschmelzen. Das rauchige, fruchtig-herbe Aroma der Beeren geht mit dem bittersüßen Geschmack von rohem Kakao eine ideale Verbindung ein, die wir mehr und mehr auch in von Hand hergestellten Schokoladen und Desserts finden können. Seien Sie einfach mal ein bisschen dekadent und verwöhnen Sie sich - ohne schlechtes Gewissen - mit diesem Smoothie.

Zubereitungszeit: 5 Minuten

Geräte: Mixer

Ergibt: etwa 1 Liter Smoothie

Zutaten:

2 EL pflanzliches Proteinpulver in Rohkostqualität, mit Schokogeschmack (z. B. aus Erbsen oder Hanf)

¼ mittelgroße Avocado, geschält und entkernt

2 Medjoul-Datteln, entkernt

1 EL Goji-Beeren-Pulver in Bio-Qualität

360 ml Kokoswasser

240 ml Mandelmilch, ungesüßt

2 TL getrocknete Goji-Beeren (zum Garnieren)

Zubereitung:

Proteinpulver, Avocado, Datteln, Goji-Beeren-Pulver, Kokoswasser und Mandelmilch in einen Mixer geben.

Bei hoher Geschwindigkeit 20 Sekunden lang pürieren oder bis eine homogene, cremige Mischung entsteht.

In ein großes Glas füllen und mit getrockneten Goji-Beeren garnieren. Genießen Sie diesen Smoothie sofort Schluck für Schluck.

CAMU-CAMU-BEEREN

DIE VITAMIN-C-SUPERSTARS

REZEPTE

Beeren-Smoothie mit feiner Schokonote

Sweetheart

Grüne Glut

Lemon Twist

Rosa Limonade

Wenn Sie diese saure Beere zum ersten Mal probieren, verziehen Sie mit Sicherheit das Gesicht. Wie viele Superfrüchte wächst die exotische Camu-Camu-Beere auf dem nährstoffreichen Regenwaldboden von Peru oder in anderen feuchtheißen tropischen Klimazonen. Die Camu-Camu-Pflanze trägt gelbe, kirschgroße Beeren, die sehr sauer und sehr herb sind, und daher häufig gesüßt werden, um unserem Gaumen zu schmeicheln. Diese Beeren haben eine der höchsten Vitamin-C-Konzentrationen überhaupt – ein Nährstoff, den unser Körper nicht selbst erzeugen kann, der aber für nahezu 300 Körperfunktionen unverzichtbar ist.

VITAMIN C, INS RECHTE LICHT GERÜCKT

Die gute alte Orange, die uns, solange wir denken können, als Vitamin-C-Quelle gedient hat, enthält durchschnittlich 2500 ppm (Teile von 1 Million) Vitamin C. Der Vitamin-C-Gehalt der Camu-Camu-Beere übersteigt mit seinen 50.000 ppm (oder 2 Gramm Vitamin C in 100 Gramm Frucht) den Wert der Orange um ein Vielfaches. Bereits 1 Teelöffel Camu-Camu-Pulver, die gängigste Form der Aufnahme dieses Superfoods, enthält 1180 Prozent der empfohlenen Tagesdosis (RDA) oder anders ausgedrückt: 30- bis 60-mal mehr Vitamin C als eine Orange. Das ist eine Superdosis Vitamin C!

Doch Vitamin C allein ist nicht ausreichend, um Ihr Wohlergehen zu fördern. Sie können nicht einfach eine Vitamin-C-Tablette einnehmen und erwarten, dass das Gleiche passiert wie bei der Aufnahme von Vitamin C aus vollwertigen Nahrungsmitteln. Warum nicht? Um seine Aufgabe effizient erfüllen zu können, muss Vitamin C zusammen mit anderen phytochemischen Stoffen, die nur in pflanzlichen Nahrungsmitteln wie Obst und Gemüse vorkommen, in unser Blut und unsere Zellen transportiert werden.

BERUHIGEN SIE IHRE NERVEN MIT VITAMIN C

Für eine gesunde Funktion unseres Gehirns und des komplexen Netzwerks unserer Nerven sind wir in hohem Maße auf die Unterstützung von Vitamin C angewiesen. Denn dieses wirkungsvolle Antioxidans wandelt Aminosäuren wie Tryptophan und Tyrosin in Neurotransmitter wie Serotonin und Dopamin um. Diese stimmungsaufhellenden Hormone helfen uns dabei, dass wir uns besser konzentrieren können, dass

wir effizienter lernen und erholsamer schlafen. Darüber hinaus lindern sie Angstzustände und Depressionen.

Vitamin-C-Mangel kann laut Dr. Victoria J. Drake von der Oregon State University zu nervlich bedingten Erkrankungen wie Depression oder unbehandelt sogar zu Skorbut führen.

In einer medizinischen Zeitschrift, die in der *National Library of Medicine* 2012 veröffentlicht wurde, wies Dr. J. M. May, Forscher an der *Vanderbilt University* in Nashville darauf hin, dass Vitamin C unsere Nervenzellen vor oxidativen Schäden schützt - einem zellulären Stresszustand, der zur Entstehung von neurodegenerativen Krankheiten wie Alzheimer und Parkinson beiträgt.

Wenn Sie sich also das nächste Mal leicht benommen fühlen oder als stecke Ihr Kopf in einer Wattewolke, dann mischen Sie sich, statt zu einem Stimulans mit Koffein oder Zucker zu greifen, doch einfach einen Smoothie mit Camu-Camu-Beeren und genießen Sie einen antioxidativen, natürlichen Kick.

ENTZÜNDUNGEN MIT VITAMIN-C-REICHEN NAHRUNGSMITTELN AUSBREMSEN

Vier Forscher der Abteilung für Herz-Kreislauf- und Nierenmedizin der medizinischen Fakultät an der *Saga University* in Japan haben sich 2008 darangemacht, die entzündungshemmenden Eigenschaften von Camu-Camu-Beeren näher zu erforschen. Sie machten dazu eine Studie an zwanzig männlichen Rauchern mit erhöhtem oxidativen Stress. Jeder Raucher wurde gebeten, täglich 70 Milliliter puren Camu-Camu-Saft zu trinken, der einen Vitamin-C-Gehalt von 1050 Milligramm hatte, oder die gleiche Vitamin-C-Menge in Tablettenform einzunehmen. Die Studie lief über einen Zeitraum von sieben Tagen. Die Ergebnisse zeigten, dass am Ende der Woche die Marker für oxidativen Stress, wie etwa für C-reaktives Protein (CRP), in der Gruppe, die Camu-Camu-Saft getrunken hatte, signifikant abgenommen hatten, während die Situation in der Tabletten-Gruppe unverändert geblieben war. Diese Studie bestätigt also, wie wichtig es ist, nicht nur ausreichend Vitamin C zu sich zu nehmen, sondern dies auch durch eine vollwertige Ernährung zu tun, die Vitamin-C-unterstützende Antioxidantien und phytochemische Substanzen enthält.

✦BEEREN-SMOOTHIE MIT FEINER SCHOKONOTE✦

Wenn dieser Smoothie mit seinem verführerisch süßen, fruchtig-herben Schokogeschmack Ihre Lippen berührt, werden Sie denken, Sie seien im siebten Himmel. Noch fantastischer ist jedoch, dass Sie seinen raffinierten und fast schon dekadent guten Geschmack ohne Gewissensbisse genießen dürfen. Das Vitamin C in den Erdbeeren fördert die Elastizität Ihrer Haut und kurbelt wie ein „natürlicher Faltenkiller" die Kollagenproduktion an. Spinat und Grünkohl liefern Kalzium, Magnesium und Vitamin K, die allesamt Ihr Knochenwachstum und Ihre Knochenfestigkeit unterstützen. Diese Kombination aus verschönernden und nährstoffreichen Vitalstoffen macht den Beeren-Smoothie zu einem wahrhaft berauschenden Geschmackserlebnis.

Zubereitungszeit: 5 Minuten

Geräte: Mixer

Ergibt: etwa ½ Liter Smoothie

Zutaten:

8 frische oder tiefgefrorene Erdbeeren

2 große Grünkohlblätter, von den Rippen befreit und gehackt

1 kleine Handvoll Spinat

3 EL pflanzliches Proteinpulver in Rohkostqualität, mit Schokogeschmack (z.B. aus Erbsen oder Hanf)

½ TL Camu-Camu-Pulver in Rohkostqualität

360 ml Mandelmilch, ungesüßt

8 Eiswürfel

Zubereitung:

Alle Zutaten in den Mixer geben und bei hoher Geschwindigkeit 20 Sekunden lang pürieren. Genießen Sie diesen Drink sofort in kleinen Schlucken.

✦SWEETHEART✦

Dieser spritzig-scharfe, vollmundig-süffige Saft voller Nährstoffe wird Ihnen schon vor dem Genuss das Wasser im Mund zusammenlaufen lassen. Rote Bete reichern Ihr Blut mit Sauerstoff an und sind blutreinigend, während Grapefruit und Camu-Camu-Pulver immunstimulierendes und stimmungs-aufhellendes Vitamin C enthalten. Ingwer wirkt Entzündungen im Körper entgegen und fördert die Verdauung. Und die Äpfel sorgen für die ausglei-chende Süße, liefern Nährstoffe für den Darm und unterstützen eine gute Verdauung.

Zubereitungszeit: 10 Minuten

Geräte: Entsafter

Ergibt: etwa ½ Liter Saft

Zutaten:

etwa 1 cm frische Ingwerwurzel, geschält

1 mittelgroße rosa Grapefruit, geviertelt und geschält (mit der weißen Haut)

1 mittelgroße Rote Bete, von den Enden befreit und halbiert

2 mittelgroße süße Äpfel (z. B. die Sorte Red Delicious), halbiert und entkernt

½ TL Camu-Camu-Pulver in Rohkost-qualität

Zubereitung:

Ingwer, Grapefruit, Rote Bete und Äpfel nacheinander in den Entsafter geben.

Den Saft in das Glas füllen, in dem er serviert werden soll, und mit Camu-Camu-Pulver bestreuen.

Genießen Sie diesen Saft sofort Schluck für Schluck.

✦GRÜNE GLUT✦

Das ist der perfekte Smoothie, um neuen Schwung in Ihren Tag zu bringen. Ein lang anhaltender Power-Drink, mit dem Sie stundenlang fit und aktiv bleiben. Pflanzliches Vanille-Protein ist nicht nur süß und lecker, sondern liefert auch leicht verdauliche Aminosäuren, die Ihnen Energie verleihen sowie Ihre Organe und Gewebe schützen. Die Avocado macht den Smoothie cremiger und ist reich an Ballaststoffen, damit das wohlige Sättigungsgefühl länger anhält. Spinat und Grünkohl bieten eine Fülle von phytochemischen Stoffen, die Ihr Herz schützen und Ihre Haut schöner machen, und das Camu-Camu-Pulver liefert kraftvolles Vitamin C für Ihr Immunsystem. Alle diese nährstoffreichen Energiespender werden – vermischt mit süßer, cremiger Banane, die den Wasserhaushalt des Körpers reguliert – zu einem absoluten Must-have, wenn Sie viel auf Achse sind.

Zubereitungszeit: 5 Minuten

Geräte: Mixer

Ergibt: etwa ½ Liter Smoothie

Zutaten:

3 EL pflanzliches Proteinpulver in Rohkostqualität, mit Vanillegeschmack (z. B. aus Erbsen oder Hanf)

½ mittelgroße Navelorange, geschält

½ mittelgroße Banane

¼ mittelgroße Avocado, geschält und entkernt

1 kleine Handvoll Spinat

2 große Grünkohlblätter, von den Rippen befreit und gehackt

1 TL Camu-Camu-Pulver in Rohkostqualität

etwa 1 cm frische Ingwerwurzel, geschält

360 ml Mandelmilch, ungesüßt

Zubereitung:

Alle Zutaten in den Mixer geben und bei hoher Geschwindigkeit 20 Sekunden lang pürieren.

Genießen Sie diesen Smoothie sofort in kleinen Schlucken.

✦LEMON TWIST✦

Zitronen sind einfach köstlich! In Kombination mit süßem Granatapfelsaft erleben Sie eine wahre Geschmacksexplosion. Dieser Smoothie ist das reinste Vitamin-C-Tonikum, denn neben Zitronensaft und -schalen ist auch das Camu-Camu-Pulver reich an diesem Antioxidans. Dazu kommt noch der ebenso Vitamin-C-reiche Granatapfel, der vor jeder Art von Krebs schützt und als kraftvolle Herznahrung gilt. Yacónsirup verleiht diesem spritzigen Zitronendrink die ausgleichende Süße und wirkt verdauungsfördernd.

Zubereitungszeit: 10 Minuten

Geräte: Mixer

Ergibt: etwa ½ Liter Smoothie

Zutaten:

Saft von 1 mittelgroßen Zitrone, frisch ausgepresst

⅛ TL Zitronenschale (von einer Bio-Zitrone!)

½ TL Camu-Camu-Pulver in Rohkostqualität

0,5 l Granatapfelsaft, ungesüßt

2 EL Yacónsirup in Rohkostqualität

5 bis 6 Eiswürfel

Zubereitung:

Alle Zutaten in den Mixer geben und bei hoher Geschwindigkeit 20 Sekunden lang pürieren oder bis eine homogene, cremige Mischung entsteht. Wohl bekomm's!

✦ROSA LIMONADE✦

Eine so himmlisch schmeckende rosa Limonade haben Sie garantiert noch nicht getrunken! Im Vergleich zu den im Handel erhältlichen ist diese Mischung weniger süß und spritziger, da der natürliche Zucker aus dem hydratisierenden Kokoswasser und den ballaststoffreichen Himbeeren stammt. Der Goji-Saft verleiht der Limonade eine leicht süßliche, fruchtig-herbe Geschmacksnote und eine Megaportion Antioxidantien. Und Orange, Zitrone sowie Camu-Camu-Pulver sorgen für jede Menge Vitamin C und den erfrischenden, säuerlichen Kick.

Zubereitungszeit: 5 Minuten

Geräte: Mixer

Ergibt: etwa ½ Liter rosa Limonade

Zutaten:

120 ml Goji-Saft pur (Seite 14)

120 ml frisch gepresster Orangensaft

Saft von 1 mittelgroßen Zitrone, frisch ausgepresst

80 g tiefgefrorene Himbeeren

120 ml Kokoswasser

½ TL Camu-Camu-Pulver in Rohkost-qualität

Zubereitung:

Alle Zutaten in den Mixer geben und bei hoher Geschwindigkeit 20 Sekunden lang pürieren.

Genießen Sie die Limonade sofort Schluck für Schluck.

KAPITEL 3

MAQUI-BEEREN

MIT VIELEN ANTIOXIDANTIEN

REZEPTE

Grüne Leidenschaft

Maqui-Magie

Purple Haze

Steinobst-Smoothie

Antioxidativer Beeren-Punsch

In Südamerika gibt es eine Vielzahl von exotischen Früchten, die unglaubliche gesundheitsfördernde Eigenschaften haben. Eine dieser Früchte, die ebenso schön wie nahrhaft ist, ist die Maqui-Beere – eine kleine dunkellila Beere, die im chilenischen Teil von Patagonien an Sträuchern wächst. Ihr leicht säuerlicher und zugleich süßer Geschmack ist dem der Brombeere ähnlich, daher wird sie auch häufig chilenischen Weinverschnitten zugesetzt, was ihr im Laufe der Zeit die Bezeichnung „chilenische Weinbeere" eingebracht hat. Über 500 Jahre lang haben die Mapuche-Indianer Südamerikas ihre Gesundheit, Kraft und Ausdauer dem regelmäßigen Verzehr von Maqui-Beeren zugeschrieben. Schauen wir uns doch einmal an, warum das so ist.

ANTIOXIDANTIEN HALTEN IHREN CHOLESTERINSPIEGEL IN SCHACH

Die Maqui-Beere enthält eine hohe Konzentration an Anthocyanen – kraftvollen Antioxidantien, die der Beere ihre leuchtend violette Farbe verleihen. Andere Nahrungsmittel, die dieses Flavonoid enthalten, sind z. B. Kirschen, Himbeeren, Heidelbeeren, Brombeeren, Korinthen, blaue und rote Trauben, Erdbeeren und Rotwein. Die Anthocyane unterstützen unsere Gesundheit auf vielfache Weise: Sie reduzieren oxidativen Stress, senken den Blutdruck und den Spiegel des („schlechten") LDL-Cholesterins. Laut eines 2002 im *Journal of Agricultural and Food Chemistry* veröffentlichten Berichts konnte bei Tests an menschlichen Zellen, die mit Maqui-Extrakt behandelt wurden, ein niedrigerer LDL-Cholesterinspiegel nachgewiesen werden. Zudem verminderten die in den Beeren enthaltenen Antioxidantien die Oxidation von LDL, d. h., sie neutralisierten schädliche freie Radikale.

Darüber hinaus wurde im März 2010 in der *U.S. National Library of Medicine* ein Bericht von drei Forschern des Instituts für Ernährungswissenschaften der *Oklahoma State University* veröffentlicht, die in klinischen Studien den Einfluss von Anthocyanen untersucht und dabei entdeckt hatten, dass ihr Verzehr mit einem verminderten Herz-Kreislauf-Risiko einhergeht.

SCHUTZ GEGEN OXIDATIVEN STRESS

Oxidativer Stress belastet unseren Körper und wird durch in Nahrungsmitteln enthaltene chemische Substanzen, durch Umweltgifte sowie durch einen ungesunden Lebensstil hervorgerufen, wie das Trinken von Softdrinks, Rauchen, Drogenkonsum oder mangelndes Stressmanagement und zu wenig Bewegung. Je größer die oxidative Belastung ist, desto größer ist auch die Vermehrung der freien Radikale.

In einem im Dezember 2004 im *Journal of Biomedicine and Biotechnology* veröffentlichten Artikel haben zwei Forscher, Wei Zhang und Izabela Konczak, die Wirkungen von Anthocyanen auf die menschliche Gesundheit beschrieben. Sie berichteten, diese Antioxidantien hätten die Funktion eines höchst wirksamen „Radikalfängers", der zur Neutralisierung der schädlichen Partikel beiträgt. Ihren Ergebnissen zufolge könne der Verzehr dieser Antioxidantien entscheidend zur Vorbeugung von durch den Lebensstil bedingten Krankheiten wie Krebs, Diabetes und Herz-Kreislauf-Erkrankungen beitragen.

MAQUI-BEEREN MACHEN SCHÖN

Wenn wir unter oxidativem Stress leiden – und das tun wir im Grunde alle –, kommt es häufiger zu Entzündungen in Gewebe, Zellen, einzelnen Organen und unserem größten Organ: der Haut. Dabei wird Bindegewebe geschädigt, was zu teigig aussehender, erschlaffter oder faltiger Haut führt. Anthocyane kurbeln die Kollagenproduktion an und helfen so mit, wieder eine straffere Haut zu bekommen, die jünger und strahlender wirkt.

Kauf und Lagerung von Maqui-Beeren

Außerhalb von Südamerika ist es eher unwahrscheinlich, frische Maqui-Beeren zu bekommen. Daher ist die beste Quelle für diese fantastische Frucht gefriergetrocknetes Pulver. Sie sollten jedoch darauf achten, nur Maqui-Pulver aus 100-prozentig zertifizierter Bio-Qualität mit einer matt-violetten Farbe zu kaufen. Pulver, die eher lila oder braun sind, haben daher ihre Nährstoffe größtenteils eingebüßt. Sie erhalten das gefriergetrocknete Pulver im Internet oder in Ihrem Bioladen (siehe „Bezugsquellen", Seite 198 ff.). Dieses praktische und vielseitig verwendbare Pulver können Sie zu Smoothies, Säften und Desserts geben, über Ihr Müsli streuen oder in Backwaren verarbeiten. Bewahren Sie das Pulver immer im Gefrierfach oder im Kühlschrank auf, damit es frisch bleibt, und verwenden Sie es innerhalb von vier Monaten nach dem Öffnen der Verpackung. Den Herstellern von rohem Maqui-Pulver zufolge liegt die empfohlene Tagesdosis bei 2 Teelöffeln (etwa 6 Gramm). Ich empfehle Ihnen, mit 1 Teelöffel zu beginnen und die Dosis dann langsam zu erhöhen.

✦GRÜNE LEIDENSCHAFT✦

Schon nach einem Schluck werden Sie Ihre neue Leidenschaft für Maqui-Beeren entdecken. Dieser Saft schmeckt einfach unglaublich gut! Und seine Zutaten strotzen nur so vor Vitaminen, Mineralstoffen, Antioxidantien und Enzymen. Ananas ist reich an Bromelain, einem hochwirksamen Verdauungsenzym, das beim Aufspalten von Proteinen hilft. Der Grünkohl trägt mit schwefelhaltigen Verbindungen zur Bekämpfung von Infektionen und zur Entgiftung der Leber bei. Salatgurken wirken entwässernd und sorgen für die Ausscheidung von Giften und krebserregenden Substanzen. Und die superleckeren, süßen und gleichzeitig leicht säuerlichen Maqui-Beeren schützen Ihr Herz und halten Ihren Cholesterinspiegel in Schach!

Zubereitungszeit: 10 Minuten

Geräte: Entsafter

Ergibt: etwa ½ Liter Saft

Zutaten:

4 mittelgroße Grünkohlblätter, von den Rippen befreit und gehackt

1 mittelgroße Salatgurke, von den Enden befreit

¼ mittelgroße frische Ananas, vom Strunk befreit, geschält und in grobe Stücke geschnitten

½ TL Maqui-Pulver in Bio-Qualität

Zubereitung:

Grünkohl, Salatgurke und Ananas in dieser Reihenfolge in den Entsafter geben.

Den Saft in ein hohes Glas füllen, das Maqui-Pulver einrühren und genießen.

✦MAQUI-MAGIE✦

Dieser Smoothie ist so cremig und köstlich, dass Sie vor Genuss dahin-schmelzen werden. Intensiver, samtiger Kakaogeschmack kombiniert mit süßen, fruchtig-säuerlichen Maqui-Beeren – das ist Magie pur. Lassen Sie sich von diesem Geschmack betören und fühlen Sie sich gleichzeitig genährt bis ins Mark. Roher Kakao enthält mehr als sechzig Antioxidantien und die Maqui-Beere ist eine der besten Quellen für den herzstärkenden Pflanzenwirkstoff Anthocyan. Wenn diese beiden extrem nährstoffreichen Superfoods zusammenkommen, geht es richtig zur Sache. Sie sind Welt-meister für Herzschutz, Schönheit und das Ausscheiden von Giftstoffen, die Sie nicht länger in Ihrem Körper haben wollen. Kurzum, der Geschmack dieses Smoothies ist exotisch und magisch zugleich!

Zubereitungszeit: 5 Minuten

Geräte: Mixer

Ergibt: etwa ½ Liter Smoothie

Zutaten:

80 g frische oder tiefgefrorene Heidelbeeren

1 EL Kakaopulver in Rohkostqualität

240 ml Kokoswasser

240 ml Mandelmilch, ungesüßt

½ mittelgroße Avocado, geschält und entkernt

2 TL Maqui-Pulver in Bio-Qualität

1 TL naturreiner Vanilleextrakt

6 Eiswürfel

Zubereitung:

Alle Zutaten in den Mixer geben und bei hoher Geschwindigkeit 20 Sekunden lang pürieren.

Genießen Sie diesen Smoothie sofort in kleinen Schlucken.

✦PURPLE HAZE✦

Dieser köstliche Smoothie wird Sie durch den exotischen Geschmack von Kokosnuss und Banane in die Inselwelt der Tropen versetzen. Ein Schuss frisch gepresster Orangensaft verleiht Schwung und Vitalität und ergänzt die süßen Exoten mit einer Fülle an Vitamin C. Durch den hohen Kalium- gehalt in Kokoswasser und Banane sorgt dieser leckere Drink für einen ausgewogenen Wasserhaushalt. Die natürliche Süße der Kokosnuss besteht zum Großteil aus mittelkettigen Fettsäuren. Diese Molekülketten sind nicht so komplex wie die langkettigen Säuren der meisten gesättigten Fette. Sie können vom Körper leichter und rascher aufgenommen werden, weil sie schneller aufgespalten werden und damit Ihren Stoffwechsel anregen. All das macht Purple Haze zu einem idealen Start in den Tag!

Zubereitungszeit: 5 Minuten

Geräte: Mixer

Ergibt: etwa ½ Liter Smoothie

Zutaten:

1 kleine Banane

2 EL Kokosraspel in Bio-Qualität, ungesüßt

2 TL Maqui-Pulver in Bio-Qualität

240 ml Kokoswasser

240 ml frisch gepresster Orangensaft

6 Eiswürfel

Zubereitung:

Alle Zutaten in den Mixer geben und bei hoher Geschwindigkeit 20 Sekunden lang pürieren.

Viel Vergnügen mit Purple Haze!

✦STEINOBST-SMOOTHIE✦

Sommerzeit ist Steinobstzeit – mit reifen und saftigen Aprikosen, Kirschen, Pfirsichen, Nektarinen und Pflaumen. Dieser herrlich fruchtige Smoothie ist eine einfache und leckere Art, einige Ihrer Lieblingsfrüchte einmal in anderer Form zu genießen. Nektarinen sind reich an Vitamin C, das Ihre Haut strahlend, elastischer und tonisierter macht. Kirschen enthalten eine Fülle von Antioxidantien, die das Herz schützen und den Cholesterinspiegel ausgleichen. Die Walnüsse bringen zudem wertvolle Omega-3-Fettsäuren in diesen Steinobstmix und machen Ihre grauen Zellen mobil. Die Avocado reguliert das Hormonsystem und sorgt für eine gute Verdauung. Welch reichhaltige Palette an Nährstoffen für eine so cremig süße Köstlichkeit!

Zubereitungszeit: 10 Minuten

Geräte: Mixer

Ergibt: etwa ½ Liter Smoothie

Zutaten:

½ mittelgroße frische Nektarine, ent-steint und in Stücke geschnitten oder 125 g tiefgefrorene Pfirsich- oder Nektarinenstücke

½ Pflaume, entsteint

¼ mittelgroße Avocado, geschält und entkernt

6 Kirschen, entsteint

2 Medjoul-Datteln, entkernt

240 ml Mandelmilch, ungesüßt

2 EL gefiltertes Wasser

1 EL Walnüsse

½ TL naturreiner Vanilleextrakt

1 Prise Meersalz

¼ TL Maqui-Pulver in Bio-Qualität

Zubereitung:

Alle Zutaten außer dem Maqui-Pulver in den Mixer geben und bei hoher Geschwindigkeit 20 Sekunden lang pürieren.

In ein dekoratives Glas füllen, mit Maqui-Pulver bestreuen und einfach nur genießen.

✦ANTIOXIDATIVER BEEREN-PUNSCH✦

Geben Sie doch eine Party und überraschen Sie Ihre Gäste mit diesem nährstoffreichen, antialkoholischen Punsch. Sie werden sie damit im Handumdrehen in begeisterte Saft-Fans verwandeln. Eine frisch gepresste Mischung aus süßen Äpfeln, entgiftenden Salatgurken und Petersilie sowie verdauungsfördernden roten Trauben sind die Grundzutaten für diesen Power-Partydrink. Geben Sie einfach kohlensäurehaltiges Mineralwasser dazu, mischen Sie noch etwas herzstärkendes Maqui-Pulver und ein paar super-antioxidative rote Beeren darunter und Ihre Party wird ein voller Erfolg!

Zubereitungszeit: 15 Minuten

Utensilien und Geräte: großer Glaskrug mit gut verschließbarem Deckel, Entsafter

Ergibt: etwa 10 Gläser (à 180 ml) oder 1,8 Liter

Zutaten:

1 große Handvoll Petersilie

etwa 450 g rote kernlose Trauben, ungekühlt

3 mittelgroße Salatgurken, von den Enden befreit

4 mittelgroße säuerliche Äpfel (z. B. die Sorte Fuji oder Gala), halbiert und entkernt

1 EL Maqui-Pulver in Bio-Qualität

½ l kohlensäurehaltiges Mineralwasser

290 g gemischte Beeren (frisch oder tiefgefroren, Sorte nach Belieben)

frische Minzblätter (zum Garnieren)

Zubereitung:

Petersilie, Trauben, Salatgurken und Äpfel nacheinander in den Entsafter geben. Den Saft in den Glaskrug füllen.

Maqui-Pulver, Mineralwasser und die Beeren hineingeben und den Punsch mit Minzblättern garnieren. Gut gekühlt servieren!

KAPITEL 4

LUCUMA

DAS „GOLD DER INKAS"

REZEPTE

Inka-Krieger

Cremiger Karotten-Crush

Karamell-Smoothie mit feiner salziger Note

Sahniger Bananen-Smoothie

Wohlfühl-Flip

Welche südamerikanische Frucht hat eine raue grüne Schale und cremig-zartes Fruchtfleisch mit einem großen Kern in der Mitte? Wenn Ihnen zu dieser Beschreibung nur die Avocado einfällt, sollten Sie Ihre Kenntnisse über exotische Früchte einmal auf den neusten Stand bringen. Die Frucht, um die es in diesem Kapitel geht, ist in ihrer Heimat Peru ein absoluter Favorit und wird in südamerikanischen Eiscremes wegen ihres verführerisch süßen, Ahornsirup-ähnlichen Geschmacks häufig verwendet. Es handelt sich dabei um Lucuma, eine Frucht, die Sie unbedingt einmal probieren sollten! Sie werden schnell merken, warum. In unseren Breitengraden ist es sehr schwierig, frische Lucuma-Früchte zu finden. Doch sie sind im Handel in Form von tiefgefrorenem Fruchtfleisch erhältlich, meist aber nur in pulverisierter Form. Dieses Pulver hat den Vorteil, dass es in der Handhabung praktisch und vielseitig einsetzbar ist.

WAS IST DAS BESONDERE AN DER LUCUMA?

In Form, Farbe und Größe gleicht die Lucuma-Frucht tatsächlich einer großen Avocado, doch ihr Fruchtfleisch ist süß und goldgelb bis leicht rosa. Sie wird wegen ihrer Ähnlichkeit mit ihrer Verwandten, der gelben Canistel (*Pouteria campechiana*), oft auch als „Eifrucht" bezeichnet. Beide haben ein leicht cremiges Fruchtfleisch, das an gekochtes Eigelb erinnert. Lucuma ist äußerst nährstoffreich, reich an Karotin, Vitamin B_3 und anderen B-Vitaminen und spielt deshalb eine wichtige Rolle für die Protein- und Knochenbildung, eine gesunde Verdauung und ein ausgeglichenes Hormonsystem. Im alten Peru wurde Lucuma als Symbol der Fruchtbarkeit und des Lebens verehrt. Die Inkas glaubten, der Frucht wohnten mystische Kräfte inne, weshalb sie sie einerseits anbeteten und andererseits aber fürchteten. Doch wegen ihrer medizinischen Heilkräfte waren sie in jedem Fall auf die Hilfe der Lucuma angewiesen.

Lucuma-Pulver wird aus dem getrockneten Fruchtfleisch hergestellt und kann in einer Vielzahl von Gerichten verwendet werden. Der Geschmack von Lucuma wird meist als süßlich mit einer Vanille-Ahornsirup-Note beschrieben oder als karamellähnlich mit einem Hauch Süßkartoffel. Wie bei fast allen Früchten kann sich der Geschmack je nach Jahreszeit und von einem Jahr zum anderen etwas ändern.

NATÜRLICHE ERNÄHRUNG MIT KOMPLEXEN KOHLENHYDRATEN

Neben Karotin und B-Vitaminen zeichnet sich die Lucuma auch durch große Mengen an immunstärkenden Antioxidantien aus sowie durch einen hohen Anteil an Ballaststoffen und essenziellen Mineralstoffen wie Eisen. Die Frucht hat zudem einen niedrigeren Zuckergehalt als andere tropische Früchte wie etwa Mangos, Bananen und Ananas und damit eine geringere glykämische Last (GL) sowie weniger Kalorien. Die komplexen Kohlenhydrate der Lucuma-Frucht werden nur langsam über einen langen Zeitraum absorbiert und erhöhen daher den Blutzuckerspiegel nur minimal. Die in ihr enthaltenen komplexen Kohlenhydrate spielen zudem eine unterstützende Rolle bei der Absorption von Mineralstoffen und bei der Bildung von Fettsäuren. Diese gehören zu den essenziellen (lebensnotwendigen) Nährstoffen, die unser Körper nicht selbst herstellen kann und die wir mit der Nahrung aufnehmen müssen. Ein Beispiel dafür sind Omega-3-Fettsäuren. Sie stärken unser Gehirn und unser Herz.

EIN VIELSEITIG EINSETZBARER KULINARISCHER ALLROUNDER

Lucuma-Pulver ist ein reizvoller, gesunder Zusatz für eine gesunde Ernährung. Einer seiner Hauptvorteile besteht darin, dass man es problemlos in einer Vielzahl von unterschiedlichen Gerichten wie einen natürlichen Geschmacksverstärker verwenden kann. Mischen Sie doch einmal Lucuma unter glutenfreie Mehlmischungen für Muffins, Kekse, Pfannkuchen oder sogar Geburtstagskuchen! Oder verwenden Sie Lucuma-Pulver anstelle von Süßungsmitteln mit hohem glykämischen Index (raffinierter weißer Zucker, Rübenzucker, Rohrzucker, Glukosesirup mit hohem Fruktosegehalt und Agavendicksaft) in süßen Drinks, Desserts, Frühstückscerealien und Backwaren.

Wenn Sie ein Do-it-yourself-Rohköstler oder ein Freund der veganen Küche sind und bei der Zubereitung von süßen Köstlichkeiten noch im experimentellen Stadium stecken: Es gibt unendlich viele Möglichkeiten,

Kauf und Aufbewahrung von Lucuma

In gut sortierten Bio-Supermärkten oder in Ihrem Bioladen finden Sie möglicherweise abgepacktes Lucuma-Pulver. Sollte dies jedoch nicht der Fall sein, können Sie dieses faszinierende Superfood auch im Internet bestellen (siehe „Bezugsquellen", Seite 198 ff.). Das Pulver sollte lose verpackt sein und farblich zwischen Cremefarben und Beigerosa liegen.

Bewahren Sie Lucuma-Pulver einem luftdicht verschließbaren Behälter ohne direkte Sonneneinstrahlung auf. Durch Feuchtigkeitseinwirkung verklumpt das Pulver und wird schnell ranzig. Lassen Sie es also am besten in der Originalverpackung oder lagern Sie es in einem gut verschließbaren Glasgefäß im Schrank. Bei richtiger Lagerung bleiben die Nährstoffe von Lucuma bis zu einem Jahr erhalten.

Lucuma in Ihre Rezepte und Mischungen einzubauen. Ich liebe es beispielsweise, rohe Superfood-Schokolade herzustellen und Lucuma ist dabei meine „Superstar"-Zutat, um eine cremig-milchige Schokoladenkonsistenz und eine leicht süße Vanille-Karamell-Note zu kreieren, die die zartbittere Note des rohen Kakaos perfekt ergänzt. Probieren Sie Lucuma auch in roher Eiscreme, heißer Schokolade, Chiasamen-Müsli, Salatsaucen, vielen anderen Saucen und Smoothies, wie denen, die ich Ihnen auf den folgenden Seiten vorstellen möchte.

Superfoods, die gut mit Lucuma harmonieren, sind roher Kakao, Maca, Sacha Inchi, Hanfsamen, Blütenpollen und Chiasamen. Sie alle werden in diesem Buch noch näher beschrieben!

✦INKA-KRIEGER✦

Holen Sie sich Ihre gesunde Dosis an süßem, karamelligem Lucuma-Pulver mit diesem Superkräfte verleihendem Wunder-Smoothie! Seine fruchtige, leicht geeiste Geschmacksexplosion steckt voller Enzyme und Elektrolyte. Der leicht cremige Smoothie mit seiner umwerfenden tropischen Geschmacksnote ist einer meiner Lieblings-Power-Drinks nach dem Work-out, da er meinen Körper mit komplexen Kohlenhydraten, Eiweiß, Elektrolyten und Unmengen von Vitaminen und Phytonährstoffen versorgt.

Natürlich müssen Sie nicht unbedingt vorher Sport treiben, um sich diese Köstlichkeit zu gönnen! Sie ersetzt auch perfekt eine Mahlzeit und ist mein Geheimtipp, wenn Sie Kindern, die beim Essen sehr wählerisch sind, ein paar Extra-Proteine unterjubeln wollen. Welches Kind kann einem so cremig-süßen Fruchtgenuss widerstehen?

Zubereitungszeit: 5 Minuten

Geräte: Mixer

Ergibt: etwa ½ Liter Smoothie

Zutaten:

90 g tiefgefrorene Mangostücke

40 g tiefgefrorene Ananasstücke

360 ml Kokoswasser

½ mittelgroße Banane

2 EL pflanzliches Proteinpulver in Rohkostqualität, mit Vanillegeschmack (z. B. aus Erbsen oder Hanf)

2 EL Lucuma-Pulver in Bio-Qualität

Zubereitung:

Alle Zutaten in den Mixer geben und bei hoher Geschwindigkeit 20 Sekunden lang pürieren, bis Ihr Smoothie eine homogene, cremige Konsistenz hat.

Allein oder gemeinsam mit anderen genießen!

✦CREMIGER KAROTTEN-CRUSH✦

Wenn Sie nach etwas Gesundem suchen, um Ihren Bedarf an Vitamin A zu decken und Ihren Vorrat an B-Vitaminen aufzustocken, dann sollten Sie dieses Saftwunder unbedingt probieren! Dieser Crush ist bestens geeignet, um sich eine gesunde Dosis Vitamin zuzuführen. Karotten sind reich an Karotinoiden, die der Körper braucht, um Vitamin A zu produzieren. Ein so samtener, leckerer Saft wie dieser ist wirklich eine Rarität! Durch die cremige, wohltuende Mandelmilch und das köstliche Aroma von Lucuma wird der Karottensaft gleich um Klassen besser. Nehmen Sie diesen Saft am besten in die Liste der Lieblingsgetränke Ihrer Familie auf – denn das wird er mit Sicherheit werden.

Zubereitungszeit: 10 Minuten

Geräte: Entsafter

Ergibt: etwa ½ Liter Saft

Zutaten:

6 mittelgroße Karotten,
    von den Enden befreit
240 ml Mandelmilch, ungesüßt
1 EL Lucuma-Pulver in Bio-Qualität

Zubereitung:

Die Karotten in den Entsafter geben.

Den Saft in ein Glas füllen. Mit Mandelmilch und Lucuma verfeinern.

Umrühren – fertig zum Genießen!

✦KARAMELL-SMOOTHIE MIT FEINER SALZIGER NOTE✦

Karamell war schon immer eine meiner bevorzugten Geschmacksnoten! Ich liebe seinen natürlichen Geschmack nach Ahornsirup und Zucker und seine süße, sirupähnliche Konsistenz. Traditionell hergestelltes Karamell besteht aus geschmolzenem Zucker und Kuhmilch. Sie werden überrascht sein, wie ähnlich diese geniale Geschmackskombination aus Lucuma-Pulver und frischen Datteln schmeckt. Einfach himmlisch gut und so sinnlich! Dieser Smoothie ist eine absolute Köstlichkeit nach dem Abendessen oder eine wunderbare Art, Ihre Kinder auszutricksen und ihnen einen leckeren Nachtisch schon zum Frühstück zu servieren. Daraus können Sie auch eine super-leckere Eiscreme herstellen. Füllen Sie den Smoothie einfach in die Eismaschine und folgen Sie den Angaben des Herstellers. Oder frieren Sie ihn in Eiswürfelformen ein und geben die Eiswürfel anschließend in einen Entsafter mit Presswalze. Ganz gleich, wie Sie vorgehen, am Ende bleibt Ihnen eine Schüssel voll unwiderstehlicher Creme, von der niemand annehmen würde, dass sie ganz ohne Milchprodukte hergestellt wurde!

Zubereitungszeit: 10 Minuten

Geräte: Mixer

Ergibt: etwa ½ Liter Smoothie

Zutaten:

2 EL pflanzliches Proteinpulver in Rohkostqualität, mit Vanille-geschmack (z. B. aus Erbsen oder Hanf)

2 EL Lucuma-Pulver in Bio-Qualität

¼ TL Meersalz

1 TL naturreiner Vanilleextrakt

40 g Cashewkerne

½ l Mandelmilch, ungesüßt

5 Medjoul-Datteln, entkernt

Zubereitung:

Alle Zutaten in den Mixer geben, bei hoher Geschwindigkeit etwa 30 Sekunden lang pürieren und genießen.

✦SAHNIGER BANANEN-SMOOTHIE✦

Manchmal braucht man nach einem miesen Tag zum Trost etwas richtig Süßes, Sahniges und Samtiges. Dieser kalziumreiche Smoothie ist so ungemein verführerisch, dass er fast schon süchtig macht. Sein Geschmack erinnert an einen Milchshake und ist eine süße Verführung an Tagen, an denen Sie der Hitze nicht entkommen können oder am Nachmittag einen kleinen Energieschub brauchen. Die in ihm enthaltenen komplexen Kohlenhydrate und sein ausgesprochen hoher Mineraliengehalt sorgen für langsam zunehmende Energie, die über Stunden anhält. Zudem ist dieser Bananen-Smoothie reich an nahrhaften und ausdauerfördernden Proteinen und Ballaststoffen, die ihn auch zu einem guten Start in den Tag machen. Um seinen Nährstoffgehalt zu erhöhen, können Sie auch 1 Handvoll Spinat dazugeben. Das verleiht ihm eine schöne monstergrüne Farbe, die Kinder so sehr lieben! (Sie brauchen ihnen ja nicht zu sagen, woher die grüne Farbe stammt.)

Zubereitungszeit: 5 Minuten

Geräte: Mixer

Ergibt: etwa ½ Liter Smoothie

Zutaten:

3 EL Mandelmus in Rohkostqualität
2 EL Lucuma-Pulver in Bio-Qualität
½ l Mandelmilch, ungesüßt
1 mittelgroße tiefgefrorene Banane
3 Medjoul-Datteln, entkernt
¼ TL Meersalz
6 Eiswürfel

Zubereitung:

Alle Zutaten in den Mixer geben und bei hoher Geschwindigkeit 20 Sekunden lang pürieren.

In ein Glas füllen und schon können Sie diesen Power-Drink genießen!

✦WOHLFÜHL-FLIP✦

Die meisten Menschen verbinden mit einem meist warm servierten und mit Muskatnuss gewürzten Getränk Erinnerungen an die Winterferien. Doch das geht auch anders! Dieser exotische Flip bringt Ihnen wohlig flauschige Wintergefühle – das ganze Jahr über und in jeder Situation. Die warme, würzige Muskatnuss hebt die Stimmung und lässt uns in Nostalgie schwelgen. Ich trinke diesen Flip gern morgens zu meinem Chiasamen-Müsli oder als kleinen Snack am Nachmittag. Er weckt in mir sofort meine schönsten Erinnerungen an gemütlich warme Geborgenheit.

Zubereitungszeit: 5 Minuten

Geräte: Mixer

Ergibt: etwa 355 ml Flip

Zutaten:

300 ml Mandelmilch, ungesüßt
2 EL Lucuma-Pulver in Bio-Qualität
½ TL naturreiner Vanilleextrakt
¼ TL frisch geriebene Muskatnuss
2 EL Hanfsamen
2 EL Ahornsirup
⅛ TL Meersalz

Zubereitung:

Alle Zutaten in den Mixer geben und bei hoher Geschwindigkeit 20 Sekunden lang pürieren.

Vor dem Servieren mit Muskatnuss bestreuen.

Genießen Sie den Augenblick!

KAPITEL 5

PHYSALIS

EIWEISSREICHE ENERGIEPAKETE

REZEPTE

Morgenröte in den Anden

Kapstachelbeeren-Presssaft

Karamell-Creme-Pop

Flüssiges Gold

Orangen-Vanille-Smoothie

Seit wie vielen Jahren knabbern Sie eigentlich schon Rosinen? Wahrscheinlich solange Sie denken können, stimmt's? Ich bin sicher, Sie haben sie auf Müslis gestreut oder unter Ihr Lieblings-Studentenfutter gemischt. Aber haben Sie diese kleinen Dinger nicht langsam satt? Sie sind zwar superpraktisch und gesund, aber jetzt ist es an der Zeit, eine neue Beere in Ihren Speiseplan aufzunehmen, die es schon seit Jahrtausenden gibt. Sie wächst in tropischen Klimazonen auf drei Kontinenten und hat sich mittlerweile einen Namen als außergewöhnliche Superfrucht gemacht und

dieser klingt so vielversprechend wie geheimnisvoll: Physalis.

Vielleicht kennen Sie sie gar nicht unter diesem Namen, weil diese Frucht je nach Herkunft anders bezeichnet wird: Wenn Sie aus Südafrika (aus der Gegend um das Kap der Guten Hoffnung) kommt, wird sie „Kapstachelbeere" genannt. Wurde sie aber in Südamerika geerntet, heißt sie meist „Andenbeere".

Bevor Physalis getrocknet werden, gleichen diese kleinen goldgelben Früchte Cherrytomaten oder Kirschen. Die delikaten Beeren sind von ästhetisch sehr ansprechenden, pergamentfarbenen Lampionhüllen umgeben und werden von festem und doch saftigem Fruchtfleisch umhüllt. Aufgrund ihrer Konsistenz und Form könnte man meinen, die Physalis sei mit Kirschen oder Stachelbeeren verwandt, aber tatsächlich ist diese Superfrucht eine enge Verwandte der Tomatillo.

Nach dem Trocknen in der Sonne gleicht die Beere einer goldfarbenen Rosine voller Kerne, eine Besonderheit, die auf ihre Tomatillo-Verwandtschaft hinweist. Die Kapstachelbeere hat einen intensiven Geschmack mit einer kräftigen Zitrusnote und einem süßen Finish, was sie ideal für Marmeladen, Chutneys und Salsas macht oder zum Mischen unter grünen und Körnersalat sowie als Zutat für Ihre Lieblingssäfte und -Smoothies.

HITVERDÄCHTIGE GESUNDHEITSFÖRDERNDE EIGENSCHAFTEN

Diese allseits verehrte Frucht hat in der Tat für ihre gesundheitsfördernden Eigenschaften hohe Auszeichnungen verdient. In einer umfassenden Studie, die im Februar 2010 veröffentlicht wurde, konnten Forscher die Phytoverbindung 4ß-Hydroxywithanolid in der Physalis nachweisen, die das Wachstum von bereits bestehenden Lungenkrebszellen hemmt.

Darüber hinaus ist die Kapstachelbeere eine ausgezeichnete Vitamin-A-Quelle. Die ausreichende Aufnahme dieses fettlöslichen Vitamins ist für die Gesundheit Ihrer Augen und Ihrer Haut von entscheidender Bedeutung. Vitamin A ist zudem ein kraftvolles Antioxidans und fördert die Neutralisierung von freien Radikalen im Körper. Sie können die Hälfte Ihres Tagesbedarfs an Vitamin A (800 Mikrogramm) bereits mit einer Menge von etwa 60 Gramm Physalis decken. Diese Superbeeren enthalten außerdem 5 Prozent Pektin – ein löslicher Ballaststoff, der eine regelmäßige Darmtätigkeit unterstützt.

Diese winzige Frucht enthält 16 Prozent Eiweiß und die Vitamine B1, B2, B6 und B12, die für Hunderte von Körperfunktionen wichtig sind – wie Stressreduktion, Energieerzeugung, Stoffwechsel, Gewebeerneuerung, Herzschutz und Hormonregulierung. Und raten Sie mal, für was sonst noch? Die Physalis ist auch reich an Phosphor, ein leicht absorbierbarer und lebenswichtiger Mineralstoff, der Knochen und Gewebe stärkt und aufbaut.

Naschen Sie diese Beeren einfach so aus der Hand, damit Sie ihren intensiven, angenehm süß-säuerlichen Geschmack voll auskosten können. Oder mischen Sie sie in Ihre Smoothies, Müslis, Salate oder sogar in Eintopfgerichte. Und wenn Sie sich kreativ betätigen wollen, können Sie auch mit hochkonzentriertem Physalis-Pulver experimentieren, das in gut sortierten Bioläden oder im Internet erhältlich ist. Ich streue zum Garnieren gern etwas goldenen Beerenstaub als glänzenden Abschluss über meine Smoothies. Das Pulver eignet sich ebenso ausgezeichnet als Zutat für Desserts wie Kokoseis oder andere Nachspeisen, die Sie ohnehin mit einer säuerlichen Frucht wie Orange oder Grapefruit zubereiten würden.

Kauf und Aufbewahrung von Physalis

Im Gegensatz zu vielen anderen Superfrüchten wird Physalis das ganze Jahr über angebaut. An einer einzigen Pflanze können bis zu dreihundert Beeren wachsen! Die Pflanzen tragen zudem sehr schnell Früchte, sodass es das ganze Jahr über keinen Mangel an ihnen gibt. Das ist gut für Sie, denn je mehr es von einer Frucht gibt, desto preisgünstiger ist sie. Im Durchschnitt kosten 100 Gramm frische Physalis in Bio-Qualität etwa 4 bis 5 Euro. Physalis sind darüber hinaus als sonnengetrocknete Früchte oder in Pulverform im Handel erhältlich (siehe „Bezugsquellen", Seite 198 ff.). Bewahren Sie Kapstachelbeeren in einem luftdicht verschließbaren Behälter kühl und trocken an einem dunklen Ort auf.

✦MORGENRÖTE IN DEN ANDEN✦

Ananas ist nicht nur eine saftig-süße Frucht, sondern fördert auch die Verdauung. Das darin enthaltene Enzym Bromelain unterstützt die Eiweißaufnahme und wirkt Entzündungen entgegen. Kokoswasser und Koriander haben eine kühlende und erfrischende Wirkung auf den Körper. Beide passen gut zu zuckersüßer Ananas, säuerlich-fruchtiger Physalis und dem erfrischenden Geschmack von herb-saurer Limette.

Zubereitungszeit: 5 Minuten

Geräte: Mixer

Ergibt: etwa ½ Liter Smoothie

Zutaten:

90 g tiefgefrorene oder frische
   Ananas

1 EL frischer Limettensaft

2 EL getrocknete Physalis

1 kleine Handvoll frische Korianderblätter

180 ml Kokoswasser

120 ml Kokosmilch

½ TL naturreiner Vanilleextrakt

Zubereitung:

Alle Zutaten in den Mixer geben und so lange pürieren, bis Ihr Smoothie eine cremige Konsistenz hat. Genießen Sie diesen Power-Drink sofort Schluck für Schluck.

+KAPSTACHELBEEREN-PRESSSAFT+

Winter ist Erkältungs- und Grippezeit. Doch dagegen helfen Kiwis mit immunstimulierenden Inhaltsstoffen wie Vitamin C. Eine Kiwi enthält mehr von diesem essenziellen Vitalstoff als eine mittelgroße Orange. Sie verleiht Ihrem Saft eine süße und spritzige Geschmacksnote, die wunderbar zu hydratisierendem Kokoswasser und frischer Salatgurke passt. Ein Hauch von goldgelbem Physalis-Pulver steigert den Antioxidantiengehalt dieses erfrischenden Drinks und rundet ihn mit einer delikaten fruchtig-herben Note ab.

Zubereitungszeit: 5 Minuten

Utensilien und Geräte: großer Glaskrug mit gut verschließbarem Deckel, Entsafter

Ergibt: etwa ½ Liter Saft

Zutaten:

2 mittelgroße Salatgurken, von den Enden befreit

3 Kiwis, geschält

60 ml Kokoswasser

½ TL Physalis-Pulver in Bio-Qualität

Zubereitung:

Salatgurken und Kiwis in den Entsafter geben. Den Saft in den Glaskrug füllen, dann Kokoswasser und Physalis-Pulver unterrühren. Genießen Sie diesen Power-Saft sofort in kleinen Schlucken.

✦KARAMELL-CREME-POP✦

Wenn Sie mal wieder Heißhunger auf Süßes haben, dann ist dieser köstliche Smoothie mit niedrigem glykämischen Index genau das Richtige. Die Superfrucht Lucuma mit ihrem intensiven Ahornsirup-Karamell-Aroma verleiht ihm eine herrliche Süße, ohne die Blutzuckerwerte in die Höhe zu treiben. Eiweißpulver und kaliumreiche Banane machen diesen Smoothie zu einem ausgezeichneten Aufbaudrink nach dem Work-out oder anderen sportlichen Anstrengungen. Die Fülle an B-Vitaminen in den Kapstachelbeeren sorgt dafür, dass Ihr Energiespeicher rasch wieder aufgefüllt wird.

Zubereitungszeit: 5 Minuten

Geräte: Mixer

Ergibt: etwa ½ Liter Smoothie

Zutaten:

½ mittelgroße Banane

1 TL Physalis-Pulver in Bio-Qualität

2 EL pflanzliches Proteinpulver in Rohkostqualität, mit Vanillegeschmack (z. B. aus Erbsen oder Hanf)

2 EL Lucuma-Pulver in Bio-Qualität

1 TL naturreiner Vanilleextrakt

240 ml Mandelmilch Vanille, ungesüßt

5 bis 6 Eiswürfel

Zubereitung:

Alle Zutaten in den Mixer geben und so lange pürieren, bis Ihr Smoothie eine cremige Konsistenz hat. Genießen Sie ihn sofort Schluck für Schluck.

✦FLÜSSIGES GOLD✦

Dieser Saft mit seinen vielen Nährstoffen und seinem süßen, fruchtig-herben Geschmack hat den Namen „Flüssiges Gold" wahrlich verdient! Die gold-gelbe Farbe erhält er durch das Physalis-Pulver, die Gelben Bete und kräftig orangerote Karotten. Gelbe Bete fördern die Sauerstoffaufnahme des Blutes und entgiften es. Karotten sorgen für schöne Haut und schützen Ihre Augen dank ihrer Fülle an Vitamin A und E. Die Äpfel liefern darmfreundliche Bakterien und gleichen die feinsäuerliche Spritzigkeit des eiweißreichen Physalis-Pulvers aus.

Zubereitungszeit: 5 Minuten

Geräte: Entsafter

Ergibt: etwa ½ Liter Saft

Zutaten:

1 mittelgroße Gelbe Bete, von den Enden befreit

4 große Karotten, von den Enden befreit

1½ süße Äpfel (z. B. die Sorte Red Delicious), geviertelt und entkernt

1 mittelgroße Zitrone, geschält (mit der weißen Haut)

1 TL Physalis-Pulver in Bio-Qualität

Zubereitung:

Gelbe Bete, Karotten, Äpfel und Zitrone in den Entsafter geben.

In ein Glas füllen und mit Physalis-Pulver bestreuen. Genießen Sie diesen Saft sofort in kleinen Schlucken.

✦ORANGEN-VANILLE-SMOOTHIE✦

Dieser Smoothie erinnert an das Sommerfeeling von Vanilleeis am Stiel mit Orangen-Sorbet-Umhüllung. Trotz seiner nährstoffreichen Zutaten bleibt die genüssliche Verschmelzung von Vanille und süßem Orangegeschmack dieselbe. Die saftigen Zitrusfrüchte bringen Ihr Immunsystem in Schwung und die spritzig saure Note wird ausgeglichen durch die natürliche Süße von ballaststoffreichen Datteln. Kokosmilch und -öl halten mit ihrem gesundheitsschonenden Fettgehalt nicht nur Ihren Hunger in Schach, sondern machen Ihren Smoothie auch besonders lecker und cremig. Die Zugabe von pflanzlichem Proteinpulver mit Vanillegeschmack unterstreicht seine intensive, cremige Note und sorgt für ein wohliges Sättigungsgefühl.

Zubereitungszeit: 5 Minuten

Geräte: Mixer

Ergibt: etwa ½ Liter Smoothie

Zutaten:

2 mittelgroße Navelorangen, geschält

2 EL getrocknete Physalis

3 Medjoul-Datteln, entkernt

240 ml Kokosmilch

2 EL pflanzliches Proteinpulver in Rohkostqualität, mit Vanillegeschmack (z. B. aus Erbsen oder Hanf)

1 EL Kokosöl in Rohkostqualität

Zubereitung:

Alle Zutaten in den Mixer geben und pürieren, bis Ihr Smoothie eine cremige Konsistenz hat.

Genießen Sie ihn sofort in kleinen Schlucken.

KAPITEL 6

KAKAO

DIE MAGNESIUM-WUNDERFRUCHT

REZEPTE

Himbeer-Kakao-Smoothie
Grüner Schoko-Smoothie
Schoko-Bananen-Smoothie mit grünem Pep
Frostiger Mexi-Schoko-Schaum
Schoko-Ingwer-Orangen-Twist

Kakao und Schokolade sind einfach unwiderstehlich! Der köstliche und verlockende Geschmack von naturbelassenem Kakao weckt bei vielen Menschen schon seit Jahrhunderten genüssliche Gefühle. Schokolade macht glücklich und dennoch sind die verschiedenen Arten von Schokolade, die diese Hochstimmung hervorrufen, ganz unterschiedlich. Maschinell hergestellte Schokolade ist einfach nicht zu vergleichen mit den nur minimal verarbeiteten dunklen Varianten. Und es ist wichtig, diesen Unterschied zu kennen!

Als „Kakao" werden die Samen des Kakaobaums, die sogenannten Kakaobohnen, sowie das daraus gewonnene Pulver bezeichnet, aus dem - meistens unter Zugabe von Milch- und Zucker-Produkten - das gleichnamige Kakaogetränk hergestellt wird. Die lateinische Bezeichnung des aus Südamerika stammenden Kakaobaums lautet Theobroma cacao, was so viel wie „Speise der Götter" bedeutet. Seine großen ovalen Früchte enthalten die wertvollen Kakaobohnen.

Die Aufnahme in die Welt der Superfoods hat der Kakao der Rohkostbewegung und ihren Pionieren wie David Wolfe zu verdanken, die stets auf der Suche nach Nahrungsmitteln mit einer möglichst hohen Nährstoffdichte sind. Sie haben rohe Kakaobohnen als Superfood mit außerordentlich gesundheitsfördernden Eigenschaften wiederentdeckt. Kakao wird in Süd- und Mittelamerika angebaut, aber auch in Afrika, Asien und Ozeanien. Auf ihren Reisen haben die Rohkostpioniere entdeckt, dass diese unglaubliche Frucht die Langlebigkeit auf vielfältige Weise unterstützt. Anbieter von Rohkostprodukten begannen daraufhin damit, eine Reihe von Kakaosorten anzubauen, zu ernten und Produkte aus rohen Kakaobohnen auf den Markt zu bringen.

Durch das Interesse am Kakao und seinen wertvollen Inhaltsstoffen findet man heute rohes Kakaopulver und rohe Kakaobutter sowie dunkle Schokolade in allen Varianten auch in ganz normalen Lebensmittelläden, häufig in Kombination mit anderen gesunden Zutaten wie Goji-Beeren, Ingwer, Orange, Chili, Meersalz und sogar Lavendel.

Kauf und Aufbewahrung von Kakao

Kakao kann auf die unterschiedlichste Art und Weise verwendet werden. Kakaobutter können Sie z. B. in Blöcken, Dosen oder als Chips in Tüten kaufen (siehe „Bezugsquellen", Seite 198 ff.). Sie eignet sich hervorragend für die Herstellung von rohen Schoko-Trüffeln und als Bindemittel für Müsliriegel. Kakaobutter ist zudem ein äußerst wirksamer Feuchtigkeitsspender für die Haut! Kakaopulver (siehe „Bezugsquellen", Seite 198 ff.) können Sie in Smoothies, Pudding, Eiscreme oder Backwaren mischen. Rohe Kakaonibs (siehe „Bezugsquellen", Seite 198 ff.) sind ein leckerer Snack zum Knabbern. Als Zutat in süßen Smoothies und Studentenfutter sorgen sie für eine knusprig-bittere Note.

Achten Sie beim Kauf darauf, dass die Produkte minimal verarbeitet sind und mindestens 70 Prozent Kakao enthalten und dass möglichst natürliche Süßungsmittel verwendet wurden, aber keine Emulgatoren wie Sojalecithin. Da reiner Kakao einen hohen Fettgehalt hat und daher leicht ranzig wird, sollten Sie ihn in einem luftdicht verschließbaren Glasbehälter kühl und trocken (z. B. in Ihrer Speise- oder Vorratskammer) aufbewahren. Alternativ können Sie Kakao auch im Kühlschrank aufbewahren. Richtig gelagert halten sich Kakaopulver und Kakaobutter jeweils bis zu einem Jahr. Blöcke und Tafeln behalten ihren Geschmack bis zu drei Monate lang.

KAKAO – DER SCHLANKMACHER

Der wichtigste Unterschied zwischen gesunden und kommerziell hergestellten Kakaoprodukten besteht darin, dass Letztere voller künstlich hergestellter Zutaten wie Glukosesirup mit hohem Fruktosegehalt, raffiniertem Zucker, Milchtrockenmasse und Emulgatoren wie Sojalecithin sind, die für den schlechten Ruf von Schokolade als Dickmacher, der das Diabetesrisiko erhöht und hohe Cholesterinwerte hervorruft, verantwortlich sind. Aber letztendlich sind es die künstlichen Zutaten und nicht der Kakao selbst, die diese negativen Auswirkungen auf unsere Gesundheit hervorrufen. Deshalb empfehlen Gesundheitsexperten wie Dr. Andrew Weil, Dr. Mark Hyman und Dr. Mehmet Oz, nur rohe und dunkle Schokoladenprodukte mit einem Mindestgehalt von 70 Prozent Kakao zu verzehren. Weil weist darauf hin, dass bei einem derart hohen Kakaogehalt der Zuckergehalt unweigerlich sehr viel niedriger sein muss. Minimal verarbeitete dunkle Schokoladen enthalten Stearinsäure, ein gesättigtes Fett, das die LDL-Werte (das „schlechte" Cholesterin) nicht erhöht. Deshalb empfiehlt er, mehrmals pro Woche kleine Mengen davon (etwa 30 bis 60 Gramm) zu sich zu nehmen. In einem 2011 für die AARP (amerikanische Vereinigung für Menschen im Ruhestand, ein US-amerikanischer gemeinnütziger Verein mit 40 Millionen Mitgliedern) verfassten Artikel wurden die Forschungsergebnisse der *Harvard Medical School* zum Thema Schokolade zusammengefasst. Studien hatten gezeigt, dass Schokolade das Diabetesrisiko reduzieren und das Herz stärken kann. Insgesamt haben die Forscher 24 Schokoladenstudien mit insgesamt 1106 Teilnehmern durchgeführt und analysiert.

Die Ergebnisse zeigten, dass dunkle Schokolade mit mindestens 50 bis 70 Prozent Kakao bei allen Teilnehmern eine blutdrucksenkende Wirkung hatte. Dr. Eric Ding, ein klinischer Ernährungswissenschaftler und Epidemiologe, der ebenfalls an der Studie mitwirkte, wies darauf hin, dass den Studienergebnissen zufolge Kakao auch die Insulinempfindlichkeit erhöht, was wiederum das Diabetesrisiko verringert. Das sind wirklich gute Nachrichten für Schokoladenliebhaber. Das gilt auch für Hinweise, dass Schokolade das Abnehmen erleichtern kann. So geht aus einer Studie des japanischen Arztes Hiroshige Itakura von der *Ibaraki Christian University* hervor, dass der Verzehr von Schokolade, die mindestens 70 Prozent Kakao enthält, die Gewichtsabnahme fördert. Allerdings gilt das nur, wenn die pro Tag verzehrte Menge maximal 57 Gramm beträgt. Seiner Aussage nach liegt das daran, dass Kakao ein Polyphenol enthält, das die Glukoseaufnahme und die Fettverbrennung begünstigt. Zudem enthält Kakao Theobromin, ein Alkaloid, das sich aus Serotonin-Wiederaufnahmehemmern zusammensetzt, der Schokolade ihren bitteren Geschmack verleiht und Stress reduzierend wirkt. Wenn wir weniger gestresst sind, neigen wir dazu, nicht zu viel zu essen und können leichter unser Gewicht halten oder sogar abnehmen.

EINE WAHRE MAGNESIUMBOMBE

Kakao ist die vollwertige Nahrungsquelle mit dem höchsten Magnesiumgehalt. Obwohl dieser essenzielle Mineralstoff für mehr als dreihundert Körperfunktionen erforderlich ist, haben wir häufig sogar einen Magnesiummangel. Das kann daran liegen, dass unsere Nahrungsmittel auf mineralstoffarmen Böden angebaut wurden oder dass wir nicht genügend Lebensmittel zu uns nehmen, die gute Magnesiumlieferanten sind. Außerdem kann unsere Magnesiumaufnahmefähigkeit beeinträchtigt sein durch Umweltgifte, Stress, Zusatz- und Konservierungsstoffe in Lebensmitteln und Stimulanzien wie Koffein.

Eine der spürbarsten Formen für eine ausreichende Versorgung mit Magnesium ist eine regelmäßige Darmtätigkeit. Darüber hinaus entspannt es die Muskeln, u. a. auch Ihr Herz, sodass Sie sich viel ruhiger fühlen.

Häufige Nebenwirkungen eines Magnesiummangels sind: Schlaflosigkeit, Kopfschmerzen, Muskelermüdung, -krämpfe und -schmerzen sowie Verstopfung und Angstzustände.

Erwachsenen wird eine tägliche Mindestdosis von 300 Milligramm Magnesium empfohlen. Sie nehmen bereits die Hälfte dieser Menge auf, wenn Sie 2 Esslöffel Kakaopulver oder 28 Gramm dunkle Schokolade (mit mindestens 70 Prozent Kakao) verzehren!

✦HIMBEER-KAKAO-SMOOTHIE✦

Dieser köstliche Smoothie weckt bei mir Kindheitserinnerungen an die legendären Erdnussbutter-Marmeladen-Brote. Die an Antioxidantien und Ballaststoffen reichen Himbeeren verschmelzen bei diesem Drink perfekt mit der rohen Kakaobutter und dem rohen Kakaopulver. Eine Fülle an gesunden Fettsäuren, die in dem rohen Kakao und den gemahlenen ballaststoffreichen Leinsamen enthalten sind, stärkt das Herz und sorgt für ein wohliges Sättigungsgefühl, das für Stunden anhält. Mit einer einzigen Portion dieses leckeren, nährstoffreichen Smoothies können Sie zudem Ihren Tagesbedarf an Magnesium decken. Genießen Sie ihn, wann immer Sie wollen. Und natürlich können Sie die Himbeeren ganz nach Belieben auch durch Erdbeeren, Heidelbeeren oder Kirschen ersetzen.

Zubereitungszeit: 5 Minuten

Geräte: Mixer

Ergibt: etwa ½ Liter Smoothie

Zutaten:

150 g frische oder tiefgefrorene Himbeeren
1 EL Kakaobutter in Rohkostqualität
2 TL Leinsamen, gemahlen
360 ml Mandelmilch, ungesüßt
1 EL Kakaopulver in Rohkostqualität
2 EL Ahornsirup
1 Prise Meersalz
5 bis 6 Eiswürfel

Zubereitung:

Alle Zutaten in den Mixer geben und bei hoher Geschwindigkeit 20 Sekunden pürieren oder bis Ihr Smoothie eine homogene, cremige Konsistenz hat.

Genießen Sie diesen Drink sofort in kleinen Schlucken.

✦GRÜNER SCHOKO-SMOOTHIE✦

Mit diesem samtig dunklen Schoko-Smoothie nehmen Sie Ihren gesamten Tagesbedarf an grünem Gemüse zu sich, ohne es zu merken. Denn der Kakaogeschmack ist so ausgeprägt, dass die Fülle an Brokkoli, Spinat und Grünkohl nahezu unbemerkt bleibt. Ahornsirup bringt eine feine Süße in diese cremige Köstlichkeit und die Datteln helfen durch ihren hohen Gehalt an unlöslichen Ballaststoffen, Ihre Hungergefühle zu bändigen. Wenn Sie Kinder haben, können Sie sie mit diesem Schoko-Shake bestens in den Tag starten lassen. Sie werden nie herausfinden, welch gesunde Schleckerei sie gerade genascht haben! Es sei denn, Sie lüften Ihr kleines Geheimnis.

Zubereitungszeit: 5 Minuten

Geräte: Mixer

Ergibt: etwa ½ Liter Smoothie

Zutaten:

2 große Grünkohlblätter, von den Rippen befreit und gehackt

2 große Handvoll Spinat

3 Brokkoli-Röschen

3 Medjoul-Datteln, entkernt

2 EL Kakaopulver in Rohkostqualität

360 ml Mandelmilch, ungesüßt

2 EL Ahornsirup

5 bis 6 Eiswürfel

Zubereitung:

Alle Zutaten in den Mixer geben und bei höchster Geschwindigkeit 20 Sekunden lang pürieren oder bis Ihr Smoothie eine glatte, cremige Konsistenz hat.

Genießen Sie diesen Smoothie sofort Schluck für Schluck.

✦SCHOKO-BANANEN-SMOOTHIE MIT GRÜNEM PEP✦

Das Kind in Ihnen wird dieses schokoladige Bananenvergnügen lieben! Und Ihr Herz wird Ihnen für die in rohem Kakao enthaltenen Alkaloide danken, die Ihr Herz-Kreislauf-System stärken. Dieser Smoothie enthält pflanzliches Proteinpulver, das für ein anhaltendes Sättigungsgefühl sorgt, und ihn damit zu einem idealen Ersatz für eine Mahlzeit macht. Die Banane liefert Kalium und sorgt für einen ausgewogenen Wasserhaushalt. Und die Datteln verleihen dem Smoothie nicht nur Süße, sondern auch viele Ballaststoffe und Eisen. Unter all den leckeren Inhaltsstoffen verstecken sich zudem noch 2 Handvoll frischer Spinat, der dem Smoothie mit seinen krebshemmenden Flavonoiden alle Vorteile von grünem Blattgemüse verleiht.

Zubereitungszeit: 5 Minuten

Geräte: Mixer

Ergibt: etwa ½ Liter Smoothie

Zutaten:

1 mittelgroße Banane

2 Handvoll Spinat

3 Medjoul-Datteln, entkernt

2 EL Kakaopulver in Rohkostqualität

2 EL pflanzliches Proteinpulver in Rohkostqualität, mit Schokogeschmack (z. B. aus Erbsen oder Hanf)

360 ml Mandelmilch, ungesüßt

5 bis 6 Eiswürfel

Zubereitung:

Alle Zutaten in den Mixer geben und bei höchster Geschwindigkeit 20 Sekunden lang pürieren oder bis Ihr Smoothie eine cremige Konsistenz hat.

Genießen Sie diesen Smoothie sofort in kleinen Schlucken.

✦FROSTIGER MEXI-SCHOKO-SCHAUM✦

Ein eiskalter, schaumiger Drink ist herrlich erfrischend! Und dieser Schaum ist dank seines mexikanischen Flairs besonders lecker. Magnesiumreicher Kakao, entzündungshemmender Cayennepfeffer, Zimt und Gewürznelke vereinen sich zu einem unwiderstehlichen Geschmackserlebnis: rauchig, süß und würzig-scharf zugleich.

Zubereitungszeit: 5 Minuten

Geräte: Mixer

Ergibt: etwa ½ Liter Schaum

Zutaten:

1 EL Kakaopulver in Rohkostqualität
¼ TL gemahlener Zimt
¹⁄₁₆ TL gemahlene Gewürznelken
¹⁄₁₆ TL gemahlener Cayennepfeffer
¹⁄₁₆ TL gemahlene Muskatnuss
300 ml Mandelmilch, ungesüßt
2 EL Ahornsirup
10 Eiswürfel
1 Prise Meersalz

Zubereitung:

Alle Zutaten in den Mixer geben. Auf höchster Stufe pürieren, bis das Eis vollständig zerkleinert ist und der Schaum die Konsistenz von fein zerstoßenem Sorbet hat.

Genießen Sie diesen Drink sofort und kosten Sie jeden schaumigen Schluck aus.

✦SCHOKO-INGWER-ORANGEN-TWIST✦

Stellen Sie sich vor, in einen Schokoriegel mit leckeren Ingwer- und Orangenstücken zu beißen ... Läuft Ihnen dabei das Wasser im Mund zusammen? Dann genießen Sie diese drei intensiven und köstlichen Geschmacksnoten in einem fantastischen Smoothie, mit dem Sie sich zu jeder Tages- und Nachtzeit verwöhnen können. Ingwer hat entzündungshemmende und immunstimulierende Eigenschaften. Orangen sind reich an Vitamin C und Avocados enthalten gesunde, herzstärkende Fettsäuren und Ballaststoffe, die dafür sorgen, dass Sie sich lang gesättigt fühlen. Roher Kakao liefert dazu noch mehr als 61 Antioxidantien und macht den Twist zu einem reichhaltigen Schokodrink ohne Gewissensbisse – auch zum Frühstück.

Zubereitungszeit: 5 Minuten

Geräte: Mixer

Ergibt: etwa ½ Liter Smoothie

Zutaten:

2 EL Kakaopulver in Rohkostqualität

1 EL Kakaobutter in Rohkostqualität

¼ mittelgroße Avocado, geschält und
   entkernt

etwa 1 cm frische Ingwerwurzel,
   geschält

½ mittelgroße Navelorange, geschält
   (ohne die weiße Haut)

240 ml Mandelmilch, ungesüßt

5 bis 6 Eiswürfel

Zubereitung:

Alle Zutaten in den Mixer geben und bei höchster Geschwindigkeit 20 Sekunden lang pürieren oder bis Ihr Smoothie eine homogene, cremige Konsistenz hat.

Genießen Sie ihn sofort Schluck für Schluck.

Teil II

DIE SUPER-SAMEN UND SUPERNÜSSE

KAPITEL 7

CHIASAMEN

DAS SUPERFOOD DER AZTEKEN

REZEPTE

Cremiger Erdbeer-Minz-Smoothie

Yin-Yang-Smoothie

Black Gala

Melonen-Chia-Fresca

Pikante Pink Princess

Chiasamen wurden in den 90er-Jahren in den USA oft als grüne Haarpracht auf Ton-Tieren verwendet. Das „Chia Pet" war damals ganz groß in Mode. Dabei steckt so viel mehr in diesen winzigen Wundersamen: Wenn wir sie essen, tun wir etwas Gutes für unsere Gesundheit und unser Wohlbefinden. Sie werden überrascht sein, wie vielseitig und nährstoffreich diese kleinen Samen sind. Da Chia Samen sind, sind sie von Natur aus frei von Allergenen, die in vielen Nüssen enthalten sind. Das macht sie zu einem gesunden Snack für alle, die unter Nahrungsmittel-Unverträglichkeiten leiden.

Diese essbaren Samen, deren Pflanzen der Familie der Lippenblütler (*Lamiaceae*) angehören und in Mexiko angebaut werden, haben einen nussigen Geschmack und enthalten eine Vielzahl von unterschiedlichen Nährstoffen. Das Wort „Chia" steht in den südamerikanischen Kulturen für „Kraft, Stärke" und meiner Ansicht nach tragen Chiasamen diesen Namen auch zu Recht. Die winzigen schwarzen und weißen Samen werden schon seit der Zeit der Maya und Azteken genutzt. Die Krieger dieser Hochkulturen aßen sie regelmäßig – und besonders viele vor Schlachten, um Ausdauer und Energie zu erhöhen und ihren Wasserhaushalt auszugleichen.

Eine der herausragenden Eigenschaften von Chiasamen ist ihre Fähigkeit, Flüssigkeiten aufzusaugen. Wenn sie also mit Saft, Wasser oder dem sauren Magensaft zusammenkommen, quellen die kleinen Samenkörner auf und erhalten eine gelartige Konsistenz. Das gibt uns das Gefühl, gesättigt zu sein und verlangsamt gleichzeitig die Zuckerabgabe der Nahrung ins Blut. Durch ihren gelartigen Charakter können eingeweichte Chiasamen vermehrt Giftstoffe, Fette und Cholesterin aus der Nahrung aufnehmen, die schließlich ausgeschieden werden.

KRAFTVOLLE ENTGIFTER

Werden Chiasamen in eine Flüssigkeit gegeben, und dazu gehören auch die Verdauungssäfte Ihres Magens, wirken sie wie ein Schwamm und saugen diese auf. Dadurch werden die Samen zu einem ziemlich klebrigen, leimartigen Bindemittel, das gesundheitsschädigende Stoffe an sich bindet und auf diese Weise mithilft, sie auszuscheiden. Bei täglicher Einnahme von Chiasamen können Sie Ihren Körper derart effizient reinigen, als würden Sie Ihre Wohnung so häufig putzen, dass sie nie unaufgeräumt ist oder verschmutzt aussieht.

Mit anderen Worten: Chia ist ein Power-Entgifter! Chiasamen helfen Ihnen dabei, Ihren Körper von den täglich aufgenommenen toxischen Substanzen

zu befreien. Sie sind gesund für die Leber, Ihr Hauptentgiftungsorgan, indem sie Gifte wie Schwermetalle, Pestizide, Lebensmittelzusatzstoffe und krebserregende Stoffe sanft herausfiltern und verstoffwechseln. Wird Ihr Körper regelmäßig mit leberfunktionsfördernden Nährstoffdosen versorgt, können Ihre Ausscheidungssysteme besser arbeiten und Sie bei strahlender Gesundheit halten. Versorgen Sie Ihren Körper hingegen nicht mit zusätzlichen Vitalstoffen, wie sie in Chiasamen enthalten sind, kann Ihr Körper mit zu vielen Giftstoffen belastet und Ihre Leber auf Dauer überfordert werden. Doch was passiert dann? In Ihrem Körper bleiben mehr Toxine zurück, als Sie ausscheiden können, und fangen an, sich dort auszutoben. Das kann Ihrer Gesundheit schaden und zu Verdauungsstörungen, Gewichtszunahme, Völlegefühl, Blähungen, unreiner Haut, mentaler Erschöpfung und Reizbarkeit führen.

GUT FÜRS HERZ – DANK OMEGA-3-FETTSÄUREN

Chiasamen können den Blutzuckerspiegel ausgleichen, Entzündungen hemmen, als kraftvolles zellschützendes Antioxidans wirken und beim Abnehmen helfen – eine wichtige Voraussetzung für ein gesundes Herz. Laut Aussage der *Centers for Disease Control and Prevention* in den USA sind Herzerkrankungen die Haupttodesursache bei Männern und Frauen.

Chiasamen enthalten einen der wichtigsten Nährstoffe, die eine gesunde Herztätigkeit unterstützen: Omega-3-Fettsäuren. Deshalb sind sie neben Leinsamen und Walnüssen eine ausgezeichnete pflanzliche Quelle für diesen mehrfach ungesättigten Supernährstoff, der auch „Alpha-Linolensäure" (ALA) genannt wird. Chiasamen sind tatsächlich eine der besten pflanzlichen Quellen für ALA: 28 Gramm Chiasamen enthalten 9 Gramm Fett, von dem 75 Prozent aus ALA bestehen!

EIWEISSREICH UND AUSDAUERFÖRDERND

Wenn Sie nach einem Nahrungsmittel mit hohem Proteingehalt suchen, denken Sie wahrscheinlich nicht an Chiasamen. Das sollten Sie aber! Ein Grund, weshalb Chiasamen ein so nachhaltiges Sättigungsgefühl erzeugen und Ihr Energielevel so gut unterstützen und

aufrechterhalten, ist ihre aus ernährungsphysiologischer Sicht so günstige Zusammensetzung: 2 Esslöffel Chiasamen (etwa 40 Gramm) enthalten 139 Kalorien, 4 Gramm Protein, 9 Gramm Fett, 12 Gramm Kohlenhydrate und 11 Gramm Ballaststoffe sowie Vitamine und eine Vielzahl an Mineralstoffen wie Kalzium, Phosphor, Magnesium, Mangan, Kupfer, Eisen, Niacin und Zink. Den Ärzten Roxanne B. Sukol und Brenda Powell der *Cleveland Clinic Wellness* zufolge, sollten Sie für einen optimalen Nutzen die empfohlenen Mengenangaben auf der Packung befolgen, die in der Regel bei 2 Esslöffeln Chiasamen pro Mahlzeit oder Getränk liegen.

Kauf und Aufbewahrung von Chiasamen

Zum Herstellen eines nahrhaften Chia-Gels, das sich perfekt für Hunderte von Rezepten eignet, müssen Sie die Samenkörner zuerst einweichen! Einfach 2 Esslöffel ganze Chiasamen 5 Minuten lang in etwa 90 bis 120 Milliliter Flüssigkeit geben. Chiasamen müssen nicht wie andere Samen geschrotet oder gemahlen werden. Sie können sie auch keimen lassen, wenn Sie wollen. Achten Sie beim Kauf (siehe „Bezugsquellen", Seite 198 ff.) darauf, dass die Samen nicht ranzig riechen. Nach Öffnen der Packung am besten im Kühlschrank oder an einem kühlen, trockenen und dunklen Ort aufbewahren. Bei richtiger Lagerung bleiben Chiasamen bis zu einem Jahr lang frisch.

Die Samen sind ein ausgezeichnetes Verdickungsmittel und ein hervorragender Emulgator, der Smoothies, Desserts und Salatsaucen herrlich cremig und sämig macht.

✦CREMIGER ERDBEER-MINZ-SMOOTHIE✦

Vielleicht haben Sie es noch nicht gewusst: Minze und Erdbeere sind einfach ein perfektes Paar. Die Minze unterstreicht die Süße der Erdbeeren und bringt eine unvergleichlich erfrischende Note in diesen nahrhaften Shake. Doch Minze ist mehr als guter Geschmack! Sie wirkt verdauungsfördernd und enthält Vitamin D3, das für die Kalziumaufnahme wichtig ist. Erdbeeren sind reich an blutstärkendem Eisen, welches zudem die Nährstoffaufnahme in den Körperzellen verbessert. Und die Chiasamen leisten einen gesunden Beitrag für einen ausgewogenen Fett-, Ballaststoff- und Eiweißhaushalt. Sie verleihen diesem Smoothie zusammen mit der cremigen Avocado und der Kokosmilch seine herrlich dicke, cremige Konsistenz.

Zubereitungszeit: 5 Minuten

Geräte: Mixer

Ergibt: etwa ½ Liter Smoothie

Zutaten:

5 tiefgefrorene Erdbeeren
¼ mittelgroße Avocado, geschält und entkernt
3 Medjoul-Datteln, entkernt
1 kleine Handvoll frische Minze
½ TL naturreiner Vanilleextrakt
1 EL Chiasamen
360 ml Kokosmilch
5 bis 6 Eiswürfel

Zubereitung:

Alle Zutaten in den Mixer geben. Bei höchster Geschwindigkeit 20 Sekunden lang pürieren oder bis Ihr Smoothie eine homogene, cremige Konsistenz hat.

Genießen Sie diesen Power-Drink sofort Schluck für Schluck.

✦YIN-YANG-SMOOTHIE✦

Die natürliche Süße der Beeren verschmilzt auf ideale Weise mit dem hohen Ballaststoff-, Protein- und Fettgehalt der Chiasamen. Dieser köstlich schmeckende Nährstoffmix verspricht eine himmlische Verbindung – ein Yin und Yang der kulinarischen Frühstücksgenüsse. Die Beeren haben einen hohen Gehalt an Antioxidantien, die unserer Schönheit schmeicheln, unsere Herzgesundheit fördern und Infektionen sowie Krankheiten abwehren. Zudem sind sie reich an gesunden Ballaststoffen, die unsere inneren Organe und eine optimale Darmtätigkeit unterstützen. Kokoswasser enthält jede Menge Kalium – ein essenzieller Mineralstoff, der für einen ausgeglichenen Wasserhaushalt in Gewebe und Organen sorgt. Und die Zugabe von grünem Blattgemüse setzt dem Ganzen die Krone auf: mit noch mehr Vitaminen und Mineralstoffen, die Ihre Haut zum Strahlen bringen, Ihre Zähne weißer machen und Ihre Zellen entgiften.

Zubereitungszeit: 5 Minuten

Geräte: Mixer

Ergibt: etwa ½ Liter Smoothie

Zutaten:

3 Grünkohlblätter, von den Rippen befreit und gehackt

1 große Handvoll Spinat

80 g tiefgefrorene gemischte Beeren

0,5 l Kokoswasser

1 EL Chiasamen

Zubereitung:

Alle Zutaten in den Mixer geben und bei höchster Geschwindigkeit 20 Sekunden lang pürieren oder bis Ihr Smoothie eine cremige Konsistenz hat.

Genießen Sie diesen Power-Drink sofort in kleinen Schlucken.

✦BLACK GALA✦

Edel geht die Welt zugrunde … Black Gala ist für mich der nobelste aller Mix-Smoothies. Er wirkt in hohem Maße entgiftend und ist obendrein auch noch superlecker. Die an Antioxidantien reichen Heidelbeeren sorgen für mehr Widerstandskraft gegen freie Radikale und passen einfach perfekt zu den Omega-3-reichen Chiasamen, zu berauschend köstlichem Kakao, aromatischer Vanille und immunverstärkender Kokosmilch. Die Datteln runden die Geschmackskreation mit natürlicher Süße und Ballaststoffen ab. Grünkohl liefert wertvolles Vitamin K und Kalzium für den Knochenaufbau und die Avocado jede Menge Kalium. Kurzum, dieser edle Smoothie ist ein samtig weicher, schokoladiger Beerengenuss.

Zubereitungszeit: 5 Minuten

Geräte: Mixer

Ergibt: etwa ½ Liter Smoothie

Zutaten:

80 g frische oder tiefgefrorene Heidelbeeren

4 Grünkohlblätter, von den Rippen befreit und gehackt

¼ mittelgroße Avocado, geschält und entkernt

1 EL Chiasamen

3 Medjoul-Datteln, entkernt

1 EL Kakaopulver in Rohkostqualität

1 TL naturreiner Vanilleextrakt

360 ml Kokosmilch

1 TL Kakaonibs in Rohkostqualität

Zubereitung:

Heidelbeeren, Grünkohl, Avocado, Chiasamen, Datteln, Kakaopulver, Vanilleextrakt und Kokosmilch in den Mixer geben und bei höchster Geschwindigkeit 20 Sekunden lang pürieren oder bis Ihr Smoothie eine glatte, cremige Konsistenz hat.

In ein Glas füllen, mit Kakaonibs bestreuen und sofort genießen!

✦MELONEN-CHIA-FRESCA✦

Fresca ist ein beliebter Drink in Mexiko und in anderen mittel- und südamerikanischen Ländern. Sie besteht in der Regel entweder aus einem Mix von frischen Fruchtsäften und Fruchtstückchen oder aus Saft mit Chiasamen. Diese leckeren Cocktails erfreuen uns nicht nur durch ihr süßes, saftiges und erfrischendes Aroma, sondern fördern auch unser Wohlbefinden mit ihren nährstoffreichen, vitalisierenden Inhaltsstoffen. Die Melonen-Chia-Fresca habe ich mit Wassermelone zubereitet. Sie wirkt entgiftend, ist zuckersüß – und schmeckt einfach herrlich mit frischer Minze und fruchtig-säuerlichen Limetten.

Zubereitungszeit: 25 Minuten

Utensilien und Geräte: kleiner Glaskrug, großer Glaskrug, Mixer

Ergibt: etwa zwei Gläser Fresca (jeweils à 350 ml)

Zutaten:

60 ml gefiltertes Wasser

2 TL Chiasamen

230 g Wassermelone, entkernt und grob gehackt

240 ml Kokoswasser

Saft von ½ Limette, frisch ausgepresst

1 kleine Handvoll frische Minze

8 Eiswürfel

Zubereitung:

Wasser und Chiasamen in den kleinen Glaskrug füllen und 10 Minuten quellen lassen. Dann umrühren und noch einmal 10 Minuten stehen lassen.

In der Zwischenzeit Wassermelone, Kokoswasser, Limettensaft, Minze und Eiswürfel in den Mixer geben und bei höchster Geschwindigkeit 20 Sekunden lang pürieren. Die Mischung in den großen Glaskrug gießen. Die Chiasamen samt Wasser dazugeben und umrühren. Auf zwei große Gläser verteilen.

Genießen Sie diesen Drink sofort in kleinen Schlucken.

✦PIKANTE PINK PRINCESS✦

Dieser erfrischende Sommer-Smoothie ist scharf-würzig und süß zugleich: eine perfekte Geschmacks- und Nährstoffkombination. Dank seines ausgewogenen Verhältnisses an Kohlenhydraten aus der natürlichen Süße der Wassermelone und den wertvollen Fettsäuren und Proteinen der Chiasamen fühlen Sie sich nach dem Genuss dieses Power-Drinks garantiert energiegeladen und nachhaltig gesättigt. Ingwer wirkt Entzündungen, Völlegefühl und Blähungen entgegen, während Korianderblätter Ihre Knochen stärken und den köstlichen Mix um eine wunderbare Geschmacksnote bereichern. Jalapeño-Chili verleiht diesem rosafarbenen Smoothie eine pikante Schärfe und wirkt herzstärkend. Ein Schuss Limettensaft rundet das Ganze ab und schützt uns durch seine antibakteriellen Eigenschaften vor Krankheiten und Infektionen.

Zubereitungszeit: 5 Minuten

Geräte: Mixer

Ergibt: etwa ½ Liter Smoothie

Zutaten:

150 g Wassermelone,
   entkernt und grob gehackt

2 Stängel frischer Koriander

etwa 1 cm frische Ingwerwurzel,
   geschält

1 EL Chiasamen

Saft von ½ Limette,
   frisch ausgepresst

½ kleine Jalapeño-Schote,
   ohne Kerne

4 Medjoul-Datteln, entkernt

240 ml Kokoswasser

1 Prise Meersalz

Zubereitung:

Alle Zutaten in den Mixer geben und bei höchster Geschwindigkeit 20 Sekunden lang pürieren oder bis der Smoothie eine cremige Konsistenz hat.

Genießen Sie ihn sofort in kleinen Schlucken.

KAPITEL 8

HANFSAMEN

DIE HERZSCHÜTZER UNTER DEN SUPERFOODS

REZEPTE

Cremiger Karotten-Smoothie

Blaue Gene

Hanftanz

Würziger Schoko-Bananen-Smoothie

Samtiger Vanille-Smoothie

Ich stehe total auf Hanf! Aber nicht, um davon „high" zu werden, wie Sie vielleicht denken mögen, denn der Verzehr von Hanfsamen hat keine berauschende Wirkung. Die Samen stammen von einer speziellen Hanfsorte, die zwar zu der gleichen Pflanzengattung wie Marihuana (*Cannabis sativa*) gehört, aber die Pflanzenverbindung Tetrahydrocannabinol (THC) nicht enthält, die für die psychoaktive Wirkung von Marihuana verantwortlich ist. Ich stehe auf Hanfsamen, weil ich mich davon gut genährt und so energiegeladen fühle, als würden mich die wertvollen Vitalstoffe dieser Samen von Kopf bis Fuß mit einem Schutzschirm umhüllen.

EIN PERFEKTER EIWEISSLIEFERANT

Vielleicht ist Ihnen schon einmal der Begriff „komplexe Proteine" begegnet. Dabei handelt es sich um Proteine, die alle neun essenziellen Aminosäuren enthalten (die unser Körper nicht selbst herstellen kann) und den Körper im richtigen Verhältnis mit der ausreichenden Proteinmenge versorgt. Bis vor ein paar Jahren wurde uns stets weisgemacht, die einzigen Quellen für vollwertige Proteine dieser Art seien tierische Nahrungsmittel wie etwa Rind- oder Hühnerfleisch. In den letzten zehn Jahren haben wir jedoch gelernt, dass das Aminosäureprofil von pflanzlichem Eiweiß, wie z. B. in Hanf, ebenso vollständig ist.

Das besonders Vorteilhafte für unsere Gesundheit an diesen klitzekleinen Samen und auch von Chia- und Leinsamen ist nicht nur die Tatsache, dass sie alle essenziellen Aminosäuren enthalten, sondern dass diese Säuren in einkettiger Form vorliegen und somit keine Enzyme zu ihrer weiteren Aufspaltung erforderlich sind, um sie zu verdauen.

Fleischeiweiß beispielsweise besteht aus einem ganzen Knäuel von ineinander verwobenen langkettigen Aminosäuren, die erst zu einkettigen Aminosäuren aufgespalten werden müssen, bevor sie assimiliert und vom Körper aufgenommen werden können. Das verlangsamt und belastet unser Verdauungssystem sehr stark und hat Verdauungsprobleme, Gasentwicklung, Völlegefühl, Trägheit und sogar Schläfrigkeit nach dem Essen zur Folge. Hatten Sie schon einmal das Gefühl, nach einem Steak oder einer Hühnerbrust ein längeres Nickerchen halten zu müssen? Jetzt wissen

Sie warum! Der Verzehr von Hanfsamen hat genau den entgegengesetzten Effekt: Ihr Eiweiß ist gewissermaßen bioverfügbar (also leicht verdaulich), sodass es vom Körper sofort aufgenommen und in Energie umgewandelt werden kann. Es stimuliert den Körper und wird von ihm schnell verarbeitet, um ihm für eine ganze Reihe von lebenswichtigen Funktionen zur Verfügung zu stehen.

FETTSÄUREN, ÜBER DIE SICH IHR HERZ FREUT

Der Weltgesundheitsorganisation (WHO) zufolge ist das Fettsäureverhältnis dieser Supersamen absolut ideal. Denn laut WHO und anderen Gesundheitsexperten wie den Ärzten Mark Hyman und Joseph Mercola ist das perfekte Verhältnis von Omega-6- zu Omega-3-Fettsäuren 3:1. Doch bei US-Amerikanern mit durchschnittlichen Ernährungsgewohnheiten (bewertet nach SAD/*Standard American Diet*) liegt das Verhältnis

eher bei 20:1! Experten des *University of Maryland Medical Center* weisen darauf hin, dass dieses unausgewogene Verhältnis mit einem erhöhten Risiko für Entzündungskrankheiten, Diabetes, Herzerkrankungen und Alzheimer einhergeht.

Doch wofür braucht unser Körper Omega-3-Fettsäuren? Die Molekularstruktur dieser essenziellen Fettsäuren hat blutverdünnende Eigenschaften, wodurch Fette im Körper effizienter zirkulieren können. Das Schlaganfallrisiko wird gesenkt, die Arterien bleiben durchlässiger und ein Verhärten der Blutgefäße sowie Plaquebildung werden verhindert.

Sie sollten also möglichst versuchen, Omega-6- und Omega-3-Fettsäuren im Verhältnis von 3:1 zu sich zu nehmen, und dabei sicherstellen, dass die aufgenommenen Omega-6-Fettsäuren qualitativ hochwertig sind. Hanfsamen erfüllen diese Anforderungen auf ideale Weise: Sie enthalten eine Fettsäure, die als „Gamma-Linolensäure" (GLA) bezeichnet wird. Bei der Aufnahme vom Körper wird GLA in eine Substanz namens „Dihomo-ß-Linolensäure" (DGLA) umgewandelt, die eine entzündungshemmende Wirkung hat.

In einem 2013 aktualisierten Artikel des *University of Maryland Medical Center* wird zudem erwähnt, dass die regelmäßige Aufnahme von GLA-Fettsäuren über sechs Monate oder länger die Symptome von entzündlichen Erkrankungen, wie beispielsweise von Nervenschmerzen bei einer diabetischen Neuropathie, vermindern kann.

Darüber hinaus untersuchten fünf Forscher des *Wake Forest Center for Botanical Lipids and Inflammatory Disease Prevention* an der *Wake Forest University in Winston-Salem* (North Carolina/USA) die Auswirkungen einer Nahrungsergänzung mit GLA auf entzündungsbedingte Herz-Kreislauf-Erkrankungen. In ihrem Abschlussbericht bestätigten sie, dass ein gesundes und ausgewogenes Verhältnis von Omega-3- zu GLA-Omega-6-Fettsäuren sich günstig auf die Biochemie des menschlichen Fettsäurestoffwechsels auswirkt und das Risiko von tödlich verlaufenden Herzerkrankungen senkt.

Kauf und Aufbewahrung von Hanfsamen

Da die Kosten für Hanfsamen vergleichsweise hoch sind, lohnt es sich beim Kauf, die Preise zu vergleichen (siehe „Bezugsquellen", Seite 198 ff.). Bewahren Sie sie in einem luftdicht verschlossenen (möglichst dunklen) Glas auf und verwenden Sie sie innerhalb von acht bis zwölf Wochen.

Achten Sie beim Kauf von Hanf-Proteinpulver auf 100-prozentige Bio-Qualität. Es sollte roh und nicht gentechnisch verändert sein (siehe „Bezugsquellen", Seite 198 ff.). Nach dem Öffnen der Packung im Kühlschrank aufbewahren und innerhalb von sechs Monaten aufbrauchen.

Hanföl sollte kalt gepresst und zudem möglichst ein zertifiziertes Bioprodukt sein (siehe „Bezugsquellen", Seite 198 ff.). Bewahren Sie Hanföl immer im Kühlschrank auf und verwenden Sie es nie zum Kochen. Nach dem Öffnen sollten Sie es innerhalb von drei Monaten aufbrauchen.

✦CREMIGER KAROTTEN-SMOOTHIE✦

Dieser Smoothie hat eine hohe Nährstoffdichte und schmeckt zur Freude von Kindern und Erwachsenen herrlich süß und cremig. Neben natürlichem Zucker für den Energiekick enthält der Karottensaft jede Menge Vitamin A. Dieses wichtige Vitamin lässt Ihre Augen leuchten, Ihre Haut strahlen und kräftigt Ihr Haar sowie Ihre Nägel. Der Spinat enthält neben Dutzenden von gesundheitsfördernden Vitalstoffen auch Vitamin K, das Ihre Knochen festigt und für ein besseres Wachstum sorgt. Datteln verleihen diesem Smoothie noch mehr Süße und enthalten zudem reichlich Vitamine des B-Komplexes, die ausgleichend auf Ihre Stimmung und Ihr Nervensystem wirken. Hanfsamen und Hanfmilch sorgen dank ihres hohen Eiweiß-, Fett- und Ballaststoffgehalts dafür, dass Sie sich auch nach Stunden noch gesättigt und genährt fühlen.

Zubereitungszeit: 5 Minuten

Geräte: Mixer

Ergibt: etwa ½ Liter Smoothie

Zutaten:

360 ml frisch gepresster Karottensaft

1 EL Hanfsamen

240 ml Hanfmilch, ungesüßt

2 große Handvoll Spinat

3 Medjoul-Datteln, entkernt

5 bis 6 Eiswürfel

Zubereitung:

Alle Zutaten in den Mixer geben und bei höchster Geschwindigkeit 20 Sekunden lang pürieren oder bis Ihr Smoothie eine glatte, cremige Konsistenz hat.

Genießen Sie den Karotten-Smoothie sofort Schluck für Schluck.

✦BLAUE GENE✦

Morgenmuffel aufgepasst: Hier kommt ein köstlicher Frühstücks-Smoothie, der Sie bis zum Mittagessen satt und glücklich macht! Leckere Heidelbeeren enthalten nicht nur eine Fülle an Antioxidantien, sondern auch unglaublich viele Ballaststoffe, die angenehm sättigend sind. Das Hanfprotein liefert dazu noch bis zu 12 Gramm kurzkettige Aminosäuren und 5 Gramm Ballaststoffe. Die Medjoul-Datteln bringen eine feine Süße in diesen Mix. Sie enthalten beruhigendes und gewebeaufbauendes Magnesium sowie blutbildendes Eisen. Die Hanfsamen bereichern den Smoothie mit ihren wertvollen Omega-3- und Omega-6-Fettsäuren, die Ihrem Herz so guttun, sowie mit Eiweiß, Ballaststoffen und einer angenehm nussigen Geschmacksnote. Trinken Sie diesen Smoothie täglich und Ihre Gene werden es Ihnen danken!

Zubereitungszeit: 10 Minuten

Geräte: Mixer

Ergibt: etwa ½ Liter Smoothie

Zutaten:

80 g frische oder tiefgefrorene Heidelbeeren

360 ml Mandelmilch, ungesüßt

120 ml gefiltertes Wasser

3 EL pflanzliches Hanf-Proteinpulver in Rohkostqualität, natur oder mit Vanillegeschmack

3 Medjoul-Datteln, entkernt

½ TL Hanfsamen (zum Garnieren)

Zubereitung:

Heidelbeeren, Mandelmilch, Wasser, Hanf-Proteinpulver und Datteln in den Mixer geben. Auf höchster Stufe 20 Sekunden lang pürieren.

In ein Glas füllen und mit Hanfsamen bestreuen. Fertig zum Genießen!

✦HANFTANZ✦

Noch ein kinderfreundlicher Smoothie mit der natürlichen Süße des Apfels. Die Polyphenole im Apfel helfen, einen erhöhten Blutzuckerspiegel zu vermeiden, und Quercetin, ein in Äpfeln reichlich vorkommendes Flavonoid, ist ein exzellenter Schutzschild gegen saisonale Allergien. Avocado bringt eine cremige Konsistenz in diesen nährstoffreichen Energiedrink und enthält mehr Kalium als Bananen. Grünkohl ist reich an Kalzium und hat mehr von diesem essenziellen Mineralstoff pro Kalorie zu bieten als Kuhmilch! Und in der Petersilie steckt ein einzigartiges Antioxidans, „Luteolin" genannt, das freie Radikale im Körper aufspürt und neutralisiert. Dieser Smoothie schmeckt so süß und erfrischend zugleich, dass Sie möglicherweise plötzlich Lust auf ein kleines Tänzchen bekommen!

Zubereitungszeit: 5 Minuten

Geräte: Mixer

Ergibt: etwa ½ Liter Smoothie

Zutaten:

½ mittelgroßer säuerlicher Apfel (z. B. die Sorte Fuji oder Gala), halbiert und entkernt

¼ mittelgroße Avocado, geschält und entkernt

240 ml frisch gepresster Apfelsaft

120 ml gefiltertes Wasser

2 große Grünkohlblätter, von den Rippen befreit

1 große Handvoll Spinat

1 kleine Handvoll Petersilie

5 bis 6 Eiswürfel

1 TL Hanfsamen

Zubereitung:

Apfel, Avocado, Apfelsaft, Wasser, Grünkohl, Spinat, Petersilie und Eiswürfel in den Mixer geben. Auf höchster Stufe 20 Sekunden lang pürieren.

Dann in ein Glas füllen, die Hanfsamen unterrühren und schon können Sie diesen Power-Drink genießen!

✦WÜRZIGER SCHOKO-BANANEN-SMOOTHIE✦

Wenn Sie mexikanische heiße Schokolade mögen, werden Sie diese kühlere Version lieben! Die Banane liefert die cremige Ausgangsbasis dieses Smoothies und gleichzeitig jede Menge Kalium, ein wertvoller Mineralstoff, der für einen gesunden Blutdruck sorgt. Und das Schoko-Hanf-Proteinpulver sorgt nicht nur den herrlichen Geschmack dieses leckeren Allround-Shakes, sondern auch für ausreichend Proteine, die wir für ein gesundes Gewebe brauchen. Die wärmenden Gewürze Kardamom, Zimt, Muskatnuss und Cayennepfeffer vereinen sich mit dem Schokoladengeschmack zu einer wahrhaft göttlichen Mischung und stimulieren unsere Stoffwechselfunktion. (Damit verbrennen Sie beim Trinken sogar noch Kalorien!) Hanföl verleiht dem Smoothie den ganz besonderen Touch. Es wirkt entzündungshemmend und herzstärkend.

Zubereitungszeit: 5 Minuten

Geräte: Mixer

Ergibt: etwa ½ Liter Smoothie

Zutaten:

½ mittelgroße Banane

360 ml Hanfmilch, ungesüßt

3 EL pflanzliches Hanf-Proteinpulver in Rohkostqualität, mit Schokogeschmack

⅛ TL gemahlener Kardamom

¼ TL gemahlener Zimt

⅛ TL gemahlene Muskatnuss

1 kleine Prise Cayennepfeffer

1 TL kalt gepresstes Hanföl

Zubereitung:

Alle Zutaten in den Mixer geben und bei höchster Geschwindigkeit 20 Sekunden lang pürieren.

Trinken Sie diesen würzigen Smoothie ganz genüsslich Schluck für Schluck!

✦SAMTIGER VANILLE-SMOOTHIE✦

Manchmal macht es einfach Spaß, sich ein cremiges Vanille-Vergnügen zu gönnen – so wie das Vanilleeis, das wir als Kinder so gern gegessen haben. Dieser einfache Mix ist kühl, samtig weich, süß und überraschend nährstoffreich. Kokoswasser ist ein wundervoller natürlicher Elektrolyt, der diesen Smoothie zu einem idealen Drink nach dem Work-out macht. Das bioverfügbare Eiweiß des Hanf-Proteinpulvers fördert die Gewebeerneuerung nach dem Sport. Eine Prise Meersalz gleicht den Salzverlust nach dem Schwitzen aus. Und die Hanfsamen liefern wertvolle Fettsäuren sowie Ballaststoffe, um Ihren Hunger bestens zu stillen.

Zubereitungszeit: 5 Minuten

Geräte: Mixer

Ergibt: etwa ½ Liter Smoothie

Zutaten:

½ l Kokoswasser

3 EL pflanzliches Hanf-Proteinpulver in Rohkostqualität, mit Vanillegeschmack

1 TL naturreiner Vanilleextrakt

1 Prise Meersalz

10 Eiswürfel

1 TL Hanfsamen (zum Garnieren)

Zubereitung:

Kokoswasser, Hanf-Proteinpulver, Vanilleextrakt, Meersalz und Eiswürfel in den Mixer geben. Auf höchster Stufe 20 Sekunden lang pürieren.

Anschließend in ein Glas füllen, mit Hanfsamen bestreuen – und fertig ist das cremige Vergnügen!

KAPITEL 9

LEINSAMEN

DIE BRAINPOWER-SUPERSAMEN

REZEPTE

Kokos-Matcha-Smoothie

Kurkuma-Mango-Lassi

Leinsaat-Beeren-Smoothie

Flüssiges Bananen-Zucchini-Brot

Brauner Bär

Leinsamen, auch „Leinsaat" genannt, sind die winzigen Samenkörner der Pflanze *Linum usitatissimum*. Der lateinische Name bedeutet übersetzt „äußerst nützlich" und ich stimme dem in jeder Hinsicht zu. Leinsamen sind nicht nur ein kulinarischer Knaller, sie nähren auch unseren Körper und schützen ihn vor so manchen dieser garstigen Quälgeister, die unserer Gesundheit an den Kragen wollen. Die goldbraunen Samenkörner wurden bereits in Babylonien (ab 3000 v. Chr.) geschätzt und verzehrt. Karl der Große, der im 8. Jh. König der Franken war, glaubte so sehr an die Heilkraft dieser Samen, dass er Gesetze erließ, um die Menschen zum Essen von Leinsamen zu verpflichten.

STARKE HERZSCHÜTZER

Moderne Forschungsergebnisse haben gezeigt, dass der Verzehr von Leinsamen sich günstig auf Depressionen, Krebs und das Risiko von zerebralen Erkrankungen auswirkt und gleichzeitig eine gesunde Herztätigkeit sowie eine regelmäßige Verdauung unterstützt.

Die Nährstoffe, die hinter diesen gesundheitsfördernden Eigenschaften von Leinsamen stecken, sind zum einen die Ballaststoffe und zum anderen Omega-3- sowie Omega-6-Fettsäuren. Ebenso wie Hanfsamen enthalten auch Leinsamen Omega-6- und Omega-3-Fettsäuren in einem idealen Verhältnis von 3:1. Dies stärkt die Zellmembranen und die gesunde Funktion unserer Zellen. Da Omega-6-Fettsäuren in industriell verarbeiteten Lebensmitteln und tierischen Produkten deutlich überwiegen, ist das Fettsäureverhältnis der meisten Menschen in der westlichen Welt

Essen Sie regelmäßig Leinsamen

Um eine Verstopfung zu vermeiden, und für eine regelmäßige Verdauung wirken Leinsamen wahre Wunder. Ihre Ballaststoffe verbinden sich mit Wasser und quellen zu einem Gel auf. Dieses Gel sorgt für weichen Stuhl und befördert ihn sanft durch Ihren Darm. Diesen Effekt können Sie jedoch nur mit Leinsamenmehl oder -schrot erzielen – nicht mit Leinöl, denn es enthält keine Ballaststoffe mehr.

mit 20:1 leider ungeheuer Omega-6-lastig. Es ist also an der Zeit, dass wir ein paar Leinsamen essen, um unsere hohen Omega-6-Werte zu senken!

In einer von der *University of Toronto* durchge-führten Studie wird berichtet, dass eine Gruppe von neun Frauen jeden Tag vier Wochen lang 50 Gramm geschrotete Leinsamen zusätzlich zu ihrer normalen Nahrung zu sich nahm. Nach vier Wochen war ihr Gesamtcholesterinwert um 9 Prozent gesunken und ihr LDL-Cholesterin-Wert sogar um 18 Prozent. Zudem wirken Omega-3-Fettsäuren, auch bekannt als „Alpha-Linolensäure" (ALA) blutverdünnend, verhindern damit die Bildung von Blutgerinnseln und reduzieren so auch das Schlaganfallrisiko.

Im Oktober 2007 untersuchten fünf Forscher des *Insti-tuts für Ernährung und Ernährungswissenschaften* der *Harokopio-Universität* in Athen die Auswir-kungen von Leinöl auf Patienten mit Bluthochdruck. Sie fanden heraus, dass der tägliche Verzehr dieses Omega-3-reichen Öls die systolischen und diasto-lischen Blutdruckwerte signifikant senkte. In der 1970 begonnenen Nurses' Health Study wurde der Gesundheitsverlauf von 76.000 Frauen bis zum Jahr 2000 verfolgt. Bei der Gruppe, die die meisten ALA zu sich genommen hatte, hatte sich das Risiko, an einem tödlichen Herzinfarkt zu sterben, um die Hälfte reduziert. Wenn Sie also die Gesundheit Ihres Herzens schützen wollen, greifen Sie zu Leinsamen und Leinöl. Sie enthalten weitaus mehr ALA als jedes andere Nahrungsmittel.

GEHIRNNAHRUNG VOM FEINSTEN

Da unser Gehirn zu fast 60 Prozent aus Lipiden besteht, fördern Omega-3-reiche Nahrungsmittel die Gesun-derhaltung des Hirngewebes. Darüber hinaus hat man herausgefunden, dass ALA die Funktion der Großhirn-rinde verbessert, den Gehirnbereich also, der unsere Sinnesinformationen, wie Geschmacks- und Berüh-rungseindrücke, verarbeitet. Laut Dr. Udo Erasmus (Ernährungswissenschaftler) enthalten Leinsamen einen stimmungsaufhellenden Wirkstoff namens „Docosahexaensäure" (DHA), der für die gesunde Funktion unserer Gehirnzellen entscheidend ist. Und die Ärztin Martha Clare Morris vom *Rush-Presbyterian-St. Luke's Medical Center* in Chicago konnte in einer 7-jährigen Studie, die 1993 gestartet wurde, beobachten, dass bei Patienten zwischen 65 und 94 Jahren, die regel-mäßig Omega-3-Fettsäuren zu sich genommen hatten, das Alzheimer-Risiko um 60 Prozent reduziert war.

GUTER GESCHMACK UND VIELSEITIGKEIT

Zum Glück schmecken Leinsamen angenehm nussig. Ihr Geschmack harmoniert bestens mit salzigen und herzhaften Nahrungsmitteln. Leinsamen können sogar als Ei-Ersatz zum Binden in Broten, Muffins und Veggie-Burgern verwendet werden. Dabei sollte das Verhältnis von Wasser zu Leinsamenmehl bei 3:1 liegen, d.h. für jedes Ei, das in Ihrem Rezept angegeben ist, brauchen Sie 3 Esslöffel Wasser und 1 Esslöffel Leinsamenmehl. Verrühren Sie das Leinsamenmehl mit dem Wasser und lassen Sie das Ganze etwa 2 Minuten ruhen.

KAUF UND LAGERUNG VON LEINSAMEN

Leinsamenprodukte sollten Sie immer im Kühl-schrank aufbewahren. Essenzielle Fettsäuren sind in der Aufbewahrung etwas heikel, denn wenn sie Luft, Sonneneinstrahlung oder Hitze ausgesetzt sind, werden sie schnell ranzig. Kochen oder braten Sie nicht mit Leinöl, der natürliche Fettsäuregehalt wird dadurch denaturiert. Ganze Leinsamen halten sich bis zu einem Jahr, während geschrotete Leinsaat im Kühlschrank bis zu drei Monaten frisch bleibt. Nach dem Öffnen muss Leinöl innerhalb von 30 Tagen verbraucht werden.

✦KOKOS-MATCHA-SMOOTHIE✦

Matcha ist zu feinstem Pulver vermahlener Grüntee, der in der japanischen Teezeremonie verwendet wird. Wenn Sie Matcha trinken, bekommen Sie weitaus mehr Nährstoffe ab als bei aufgebrühtem Grüntee. Dabei nehmen Sie das ganze vermahlene grüne Teeblatt zu sich und nicht nur den Tee-aufguss. Matcha hat einen extrem hohen Antioxidantiengehalt. Wie von Forschern der Tufts University entdeckt wurde, ist dieser sogar signifikant höher als bei Granatäpfeln oder Heidelbeeren. Matcha hat von Natur aus einen kräftigen, nussigen Geschmack, der ausgesprochen gut mit Kokos-nuss harmoniert. Obwohl er Koffein enthält, entspricht die Menge in diesem Smoothie nur etwa einem Viertel einer 350-ml-Tasse Kaffee. Zudem hat das Koffein in Matcha eine basische Wirkung und ruft keine saure Reaktion wie etwa bei Kaffee oder Cola hervor. Der leicht „grüne" Geschmack von Matcha wird durch die köstliche Süße von frischen Datteln, cremiger Kokosmilch, Ahornsirup und Vanille angenehm ausgeglichen. Leinsamen verleihen dem Ganzen eine leckere nussige Note und liefern essenzielle Fettsäuren, damit Ihre „Teatime" Ihr Gehirn so richtig in Schwung bringt.

Zubereitungszeit: 5 Minuten

Geräte: Mixer

Ergibt: etwa ½ Liter Smoothie

Zutaten:

1 EL Kokosraspel in Bio-Qualität, ungesüßt

2 TL Leinsamenmehl

1 TL Bio-Matcha

½ TL naturreiner Vanilleextrakt

2 Medjoul-Datteln, entkernt

1 TL Ahornsirup

240 ml Kokosmilch

240 ml gefiltertes Wasser

Zubereitung:

Alle Zutaten in den Mixer geben und bei höchster Geschwindigkeit 20 Sekunden oder so lange pürieren, bis Ihr Smoothie eine cremige Konsistenz hat.

Genießen Sie diesen Power-Drink sofort in kleinen Schlucken.

✦KURKUMA-MANGO-LASSI✦

Kurkuma und frische Ingwerwurzel sind unglaubliche Verdauungshilfen und haben kraftvolle entzündungshemmende Eigenschaften. Wenn Sie dieses Paar in Ihren Speiseplan aufnehmen, reguliert das Ihre Darmtätigkeit, lindert Verdauungsstörungen und vermindert Arthrose- und Muskelschmerzen. Und obendrein wird dadurch Ihr Immunsystem stimuliert. Die süße Mango enthält Wein- und Apfelsäure, die beide eine basische Wirkung auf den Körper haben. Wenn Sie ihn im basischen Bereich halten, kann Ihr Körper Infektionen und Krankheiten besser abwehren. Cremige und einfach unwiderstehlich köstliche Kokosmilch und Kokosjoghurt passen perfekt zu tropischer Mango, zuckersüßer Banane und Datteln. Geschrotete Leinsamen verleihen dem Lassi seine köstliche dickflüssige samtige Konsistenz. Genießen Sie diesen herrlich erfrischenden Gesundheitsshake mit indischem Touch.

Zubereitungszeit: 5 Minuten

Geräte: Mixer

Ergibt: etwa ½ Liter Lassi

Zutaten:

1 Becher Bio-Kokosjoghurt
   (Natur oder Vanille)
½ mittelgroße Banane, geschält
2 Medjoul-Datteln, entkernt
90 g tiefgefrorene Mangostücke
etwa 1 cm frische Ingwerwurzel,
   geschält
½ TL gemahlene Kurkuma
2 TL geschrotete Leinsamen
240 ml Kokosmilch

Zubereitung:

Alle Zutaten in den Mixer geben und bei höchster Geschwindigkeit 20 Sekunden lang pürieren oder bis Ihr Drink eine homogene, cremige Konsistenz hat.

Genießen Sie den Lassi sofort Schluck für Schluck.

✦LEINSAAT-BEEREN-SMOOTHIE✦

Schnell gemacht und voller herzschützender, hirnstärkender, verdauungsfördernder Zutaten: Dieser Smoothie ist superlecker und hat es in sich! Die Erdbeeren versorgen Sie mit jeder Menge antioxidativer Power und viel immunstärkendem und muskelaufbauendem Vitamin C. Leinöl bringt die Omega-3-Fettsäuren in den Mix – und ein Küsschen Ahornsirup sorgt für eine zarte Süße.

Zubereitungszeit: 5 Minuten

Geräte: Mixer

Ergibt: etwa ½ Liter Smoothie

Zutaten:

½ mittelgroße Banane, geschält

150 g tiefgefrorene Erdbeeren

1 EL geschrotete Leinsamen

1 TL kalt gepresstes Leinöl

360 ml Mandelmilch Vanille, ungesüßt

1 TL Ahornsirup

Zubereitung:

Alle Zutaten in den Mixer geben. Bei höchster Geschwindigkeit 20 Sekunden pürieren oder bis Ihr Smoothie eine glatte, cremige Konsistenz hat.

Genießen Sie diesen Power-Drink sofort in kleinen Schlucken.

✦FLÜSSIGES BANANEN-ZUCCHINI-BROT✦

Der köstliche Smoothie schmeckt genau wie Zucchini-Brot, doch in diesem Fall können Sie sich dem Genuss ganz ohne Gewissensbisse hingeben. Dank seiner Fülle an Ballaststoffen, Proteinen und gesunden Fettsäuren hält er stundenlang vor und ist eine exzellente Frühstücksoption. Zucchini sind reich an Magnesium. Eine Portion davon enthält bereits 40 Prozent der empfohlenen Tagesdosis (RDA) an Mangan, das den Stoffwechsel von Eiweißen und Kohlenhydraten fördert. Glutenfreie Haferflocken sorgen für Ballaststoffe und machen den Smoothie schön sämig. Wärmende Gewürze wie Zimt, Muskatnuss und Nelken wirken entzündungshemmend. Das Mandelmus verstärkt den herrlich nussigen Zucchini-Brot-Geschmack und ihre einfach ungesättigten Fettsäuren sind gut für Ihr Herz und senken („schlechte") LDL-Cholesterinwerte.

Zubereitungszeit: 5 Minuten

Geräte: Mixer

Ergibt: etwa ½ Liter Smoothie

Zutaten:

1 kleine Zucchini, von den Enden befreit und gehackt

½ mittelgroße Banane, geschält

2 Medjoul-Datteln, entkernt

¼ gemahlener Zimt

⅛ TL gemahlene Muskatnuss

20 g Haferflocken, glutenfrei

1 EL Mandelmus in Rohkostqualität

2 TL geschrotete Leinsamen

1 Prise gemahlene Nelken

1 Prise Meersalz

240 ml Mandelmilch, ungesüßt

120 ml gefiltertes Wasser

Zubereitung:

Alle Zutaten in den Mixer geben. Bei höchster Geschwindigkeit 20 Sekunden lang pürieren oder bis Ihr Smoothie eine cremige Konsistenz hat.

Genießen Sie diesen Power-Drink sofort in kleinen Schlucken.

✦BRAUNER BÄR✦

Mit diesem leckeren braunen Power-Smoothie bekommen Sie Ihre Dosis an grünem Blattgemüse, Omega-3-Fettsäuren und Vitalstoffen. Spinat und Romanasalat liefern Antioxidantien, eine Fülle von knochenstärkendem Kalzium und viel Vitamin C, das ausgezeichnet für Ihre Immunabwehr und Gewebeerneuerung ist. Das pflanzliche Proteinpulver hilft beim Aufbau von Muskelmasse und sorgt zusammen mit dem ballaststoffreichen Leinsamenmehl dafür, dass Sie sich länger gesättigt fühlen. Das Leinöl versorgt Sie zudem mit Ihrer täglichen Ration an herz- und gehirnnährenden Omega-3-Fettsäuren. Der „grüne" Geschmack wird überdeckt von der süßen Banane, dem Kokoswasser und dem Proteinpulver mit Vanillegeschmack, die Ihrem Gaumen angenehm und wohltuend schmeicheln.

Zubereitungszeit: 5 Minuten

Geräte: Mixer

Ergibt: etwa ½ Liter Smoothie

Zutaten:

½ mittelgroße Banane, geschält

2 EL (16 g) pflanzliches Proteinpulver in Rohkostqualität, mit Vanillegeschmack (z. B. aus Erbsen oder Hanf)

1 Handvoll Spinat

3 große Blätter vom Romanasalat

120 ml Kokosmilch

360 ml Kokoswasser

2 TL Leinsamenmehl

1 TL kalt gepresstes Leinöl

Zubereitung:

Alle Zutaten in den Mixer geben. Bei höchster Geschwindigkeit 20 Sekunden pürieren oder bis Ihr Smoothie eine homogene, cremige Konsistenz hat.

In ein hohes Glas füllen, umrühren und Schluck für Schluck genießen.

KAPITEL 10

SACHA INCHI

DIE OMEGA-3-POWERSAMEN

REZEPTE

Superpower-Smoothie

Grüner Inchi-Pfefferminz-Kick

Matcha-Sacha-Shake

Malziger Maca-Inchi-Smoothie

Knackig-cremiger Inchi-Kirsch-Smoothie

Sacha-Inchi-Samen, auch „Berg-Erdnüsse" oder „Inka-nüsse" genannt, werden in Peru seit Tausenden von Jahren gegessen. Die hübschen sternförmigen Früchte der robusten Rankpflanze enthalten jeweils vier bis sieben Sacha-Inchi-Samen. Die Frucht selbst ist nicht essbar, doch ihre Samen sind sehr gesund. Sie sind eines der vielen Nahrungsmittel, denen ein entscheidender Beitrag zu der ausgezeichneten Gesundheit und Langlebigkeit der Andenbewohner zugeschrieben wird.

EINE AUSGEZEICHNETE QUELLE FÜR KOMPLEXE PROTEINE

Sacha-Inchi-Samen sind zwar eigentlich keine Nüsse, sie werden in Südamerika aber auch „Berg-Erdnüsse" genannt, weil ihr Geschmack, ihre Größe und Konsistenz mehr an geröstete Erdnüsse erinnern. Sie werden als eine ideale Nahrungsquelle für komplexe Proteine angesehen, da sie alle Aminosäuren in kurzkettiger (und am leichtesten verdaulicher) Form enthalten. In einer kleinen Handvoll (etwa 30 Gramm) Inkanüssen stecken ganze 8 Gramm Eiweiß, was sie natürlich zu einer praktischen und sehr wertvollen Quelle dieses essenziellen Makronährstoffes macht.

Ein gesunder und starker Körper braucht die Proteinsynthese zur Gewebeerneuerung, Muskelbildung und Aufrechterhaltung der Muskelkraft sowie für den Stoffwechsel der inneren Organe und viele anderen Körperfunktionen. Nach Ansicht der Ärzte Colin Campbell und John McDougall sowie anderer Ernährungs- und Gesundheitsexperten sollte unsere tägliche Kalorienaufnahme idealerweise zu 10 Prozent aus Eiweiß bestehen. Wenn Sie also 2000 Kalorien am Tag zu sich nehmen, entspricht das 200 Kalorien aus Protein.

SACHA INCHI – GESUNDHEIT FÜR HERZ UND GEHIRN

Das Verblüffendste an Sacha-Inchi-Samen ist ihr außergewöhnlich hoher Gehalt an essenziellen Fettsäuren, die wesentlich zur Gesundheit von Herz und Gehirn beitragen. Wie bereits erwähnt, liegt das ideale Omega-6- zu Omega-3-Verhältnis bei 3:1. Und diese köstlichen und knusprigen Samen enthalten beide Fette genau im richtigen Verhältnis und verdanken diesem Umstand ihre Berühmtheit. Ein ausgewogenes Verhältnis dieser beiden Fettsäuren sorgt für eine gute Blutzirkulation ohne verstopfte Arterien und trägt so zu einem optimalen Blutfluss zum Gehirn bei, was unsere Konzentrations- und Leistungsfähigkeit stärkt.

Kein Wunder, dass die Inkanüsse in ihrer Heimat so beliebt sind! Es gibt nicht viele Nahrungsquellen, die ein so ausgewogenes Nährstoffverhältnis aufzuweisen haben.

Dank ihres exzellenten Eiweiß- und Fettgehalts stellen sie eine höchst zufriedenstellende Ergänzung zu unserem Speiseplan dar. Inkanüsse enthalten 27 Prozent Eiweiß und sind damit hervorragend geeignet zur Steigerung von Muskelkraft und Muskeltonus. Durch mehr Eiweiß hält zudem das Sättigungsgefühl länger vor und die Energie verteilt sich gleichmäßiger über den Tag.

EINE NUSS MIT ANTIDEPRESSIVER WIRKUNG

Die bescheidenen Sacha-Inchi-Samen sind erst seit Neuestem bei Ernährungsexperten wie Doktor Oz in den Ruf geraten, auch beim Abnehmen gute Dienste zu leisten. Die leckeren Samen helfen dank ihrer vielen Proteine, Fette und Ballaststoffe den Hunger zu stillen und bewirken, dass wir uns länger satt fühlen. Aber der entscheidende Grund, warum sie das Abnehmen erleichtern, ist ihr außergewöhnlich hoher Gehalt an Tryptophan. Pro Gramm Eiweiß enthalten die Inkanüsse etwa 29 Milligramm dieser Aminosäure. Das ist achtmal so viel wie in Putenfleisch, das als die beste Quelle für diese Aminosäure gilt. Tryptophan spielt eine entscheidende Rolle bei der Bildung von Serotonin, ein chemischer Stoff, der im Darm und im zentralen Nervensystem produziert wird und für seine stimmungsregulierende Wirkung und die Erzeugung von Gefühlen des Wohlbefindens bekannt ist. Wenn unsere Stimmung ausgeglichen ist, sind wir meist glücklicher und tendieren weniger dazu, Heißhunger zu entwickeln oder aus Frust zu viel zu essen.

Ein paar Inkanüsse zu knabbern kann also sowohl Ihre Stimmung verbessern als auch Ihren Appetit zügeln.

KRÄFTIG IM GESCHMACK UND DABEI SO VIELSEITIG

Sacha-Inchi-Samen haben einen ganz eigenen, intensiven Geschmack. Ich habe dazu schon viele Beschreibungen gehört, aber die stimmigste ist meiner Meinung nach folgende: eine Mischung aus Leinsamen,

Kauf und Aufbewahrung von Sacha-Inchi-Samen

Mit zunehmender Beliebtheit findet die Inkanuss vielleicht auch bald hierzulande Einzug in das Sortiment von Supermärkten und Naturkostläden (siehe „Bezugsquellen", Seite 198 ff.). Bislang können Sie die Samen hauptsächlich über das Internet bestellen.

Je nachdem, ob Sie geröstete oder rohe Samen oder das Proteinpulver kaufen, ist die Aufbewahrung von Sacha Inchi unterschiedlich. Die gerösteten Samen (ob naturbelassen oder mit natürlichen Zusätzen aromatisiert) eignen sich gut als Snacks zum Knabbern, doch die Qualität der in ihnen enthaltenen Omega-Fettsäuren nimmt durch das Erhitzen ab.

Inkanüsse in Rohkostqualität sollten in einem gut verschließbaren Behälter im Kühlschrank aufbewahrt und innerhalb von vier Monaten nach dem Kauf aufgebraucht werden. Bei längerer Lagerung werden sie ranzig.

Auch Sacha-Inchi-Proteinpulver sollte im Kühlschrank aufbewahrt werden, wenn Sie es nicht innerhalb eines Monats aufbrauchen wollen.

Erdnüssen und Marcona-Mandeln. Marcona-Mandeln ähneln den Sacha-Inchi-Samen auch im Aussehen und in der Knackigkeit. Der Geschmack passt gut zu verschiedenen Nussmilchsorten, rohen und veganen Köstlichkeiten aus Trockenobst, rohen Crackern und Nusskäse. Obendrein bringen sie auch Leben in grüne sowie Körnersalate und das Proteinpulver aus diesen Samen bietet eine absolut leckere Geschmacksgrundlage für eine Vielzahl von Smoothies.

✦SUPERPOWER-SMOOTHIE✦

Bei cremigem, köstlichen Schokogeschmack denken Sie wahrscheinlich an einen Nachtisch. Doch ich stelle Ihnen mit diesem Rezept einen Superpower-Smoothie zum Frühstück vor. Das Protein in diesem morgendlichen Power-Drink bringt Sie so richtig in Schwung! Der Kakao liefert mehr als 61 Antioxidantien und schmeckt in dieser Mischung so lecker, dass sich die ganze Familie zur wichtigsten Mahlzeit des Tages am Frühstückstisch einfinden wird. Durch die Fülle an Eiweiß und Fettsäuren werden Sie und Ihre Familie stundenlang munter und aufmerksam bleiben. Mit diesem höchst lukullischen Smoothie können Sie sich und Ihre Lieben in furchtlose Krieger im Alltagskampf verwandeln!

Zubereitungszeit: 10 Minuten

Geräte: Mixer

Ergibt: etwa ½ Liter Smoothie

Zutaten:

3 EL Sacha-Inchi-Proteinpulver

1 mittelgroße Banane

360 ml Mandelmilch, ungesüßt

2 EL Kakaopulver in Rohkostqualität

1 TL naturreiner Vanilleextrakt

⅛ TL Meersalz

Zubereitung:

Alle Zutaten in den Mixer geben und bei höchster Geschwindigkeit 20 Sekunden pürieren oder bis Ihr Smoothie eine glatte, cremige Konsistenz hat.

Mit Kakaopulver bestreuen – fertig ist der Power-Smoothie!

✦GRÜNER INCHI-PFEFFERMINZ-KICK✦

Dieser Smoothie enthält einige meiner absoluten Lieblinge unter den nährstoffreichen Lebensmitteln: Das proteinreiche Sacha-Inchi-Pulver sorgt dafür, dass Sie nicht nur anhaltende Energie- und Muskelunterstützung bekommen, sondern auch eine gesunde Dosis an gehirnstärkenden Omega-Fettsäuren, um richtig loslegen zu können! Und als ob das noch nicht genug wäre, habe ich auch noch eines meiner allzeit bewunderten verdauungsfördernden Kräuterlieblinge in diesen Smoothie gegeben. Es ist unsere bescheidene und vertraute Freundin, die Pfefferminze. Pfefferminze regt nicht nur ausgezeichnet unsere Verdauung an und beruhigt aufgeregte Mägen. Sie erhöht zudem die Blutzirkulation und garantiert so einen effizienten Transport der in dem Smoothie enthaltenen Nährstoffe durch unsere Blutbahnen. Greifen Sie zu diesem Smoothie in Momenten, in denen Sie einen super-nährstoffreichen Energiekick brauchen!

Zubereitungszeit: 5 Minuten

Geräte: Mixer

Ergibt: etwa ½ Liter Smoothie

Zutaten:

2 EL Sacha-Inchi-Proteinpulver

½ l Hanf- oder Mandelmilch, ungesüßt

240 g frische Spinatblätter

1 mittelgroßes Grünkohlblatt, von den Rippen befreit

6 Medjoul-Datteln, entkernt

½ mittelgroße Avocado, geschält und entkernt

10 frische Minzblätter

2 Tropfen Pfefferminzöl in Bio-Qualität oder ½ TL naturreiner Pfefferminzextrakt

1 Prise Meersalz

Zubereitung:

Alle Zutaten in den Mixer geben und bei höchster Geschwindigkeit 20 Sekunden lang pürieren oder bis Ihr Smoothie eine cremige Konsistenz hat.

In einem hohen Glas mit dekorativen Minzblättern servieren.

✦MATCHA-SACHA-SHAKE✦

Sie sind herzlich eingeladen, diesen magischen Mix täglich zu trinken, um dem Alterungsprozess ein Schnippchen zu schlagen und Ihre Chancen für ein langes Leben zu erhöhen. Sacha-Inchi-Samen sind prall gefüllt mit wichtigen Makronährstoffen, die Sie stundenlang bei Laune halten. Und die antioxidative Powerwirkung von Matcha lässt Sie über lange Strecken strahlend aussehen und sich auch so fühlen. Seine antioxidative Wirkung sorgt für jugendliche Frische, weniger Erkrankungen und trägt zu strahlendem Aussehen und blühender Gesundheit bei! Obwohl das Matcha-Pulver Koffein enthält, wirkt eine als „L-Theanin" bekannte Aminosäure in dem Grüntee beruhigend und gleicht so die häufig mit Koffein verbundene Nervosität aus.

Zubereitungszeit: 15 Minuten

Utensilien und Geräte: Schüssel oder Krug, Nussmilchbeutel oder feines Sieb und Käsetuch, Mixer

Ergibt: etwa ½ Liter Shake

Zutaten:

70 g Sacha-Inchi-Samen

½ l gefiltertes Wasser

1 EL Sacha-Inchi-Proteinpulver

¼ mittelgroße Avocado, geschält und entkernt

2 TL Bio-Matcha

5 Medjoul-Datteln, entkernt

1 EL Sonnenblumenkerne

Zubereitung:

Sacha-Inchi-Samen und Wasser in den Mixer geben. Etwa 1 Minute pürieren, bis die Mischung glatt und cremig ist.

Den Nussmilchbeutel in eine große Schüssel oder einen großen Krug geben oder das Käsetuch in das Sieb legen und auf die große Schüssel oder den Krug setzen. Dann die Sacha-Inchi-Mischung durchgießen.

Die Sacha-Inchi-Milch durch das Sieb drücken und in den Mixer zurückgießen. Restliche Zutaten dazugeben.

Die Mischung 20 Sekunden auf höchster Stufe so lange pürieren, bis Ihr Smoothie eine homogene, cremige Konsistenz hat. Kalt servieren und genießen!

✦MALZIGER MACA-INCHI-SMOOTHIE✦

Viele Leute kommen morgens nur schwer in die Gänge und brauchen eine Dosis Koffein für den nötigen Kick. Andere hingegen sind schon beim Gedanken an Koffein ganz nervös und aufgedreht. Allen, die sich vorgenommen haben, weniger Kaffee zu trinken, oder die auf der Suche nach einem alternativen morgendlichen Energieschub sind, sei dieser cremig-samtige Smoothie ans Herz gelegt. Neben dem Kick durch die äußerst nahrhaften Sacha-Inchi-Samen enthält der Smoothie auch eine Portion Maca, das nicht nur Ihr Energieniveau steigert, sondern Ihr endokrines System (Hormonsystem) ankurbelt! Statt Ihre Nebennieren auszupowern, können Sie sie mit diesem Shake unterstützen, ohne dass Ihnen der Kick von koffeinhaltigen Getränken fehlen wird.

Zubereitungszeit: 15 Minuten

Utensilien und Geräte: Schüssel oder Krug, Nussmilchbeutel oder feines Sieb und Käsetuch, Mixer

Ergibt: etwa ½ Liter Smoothie

Zutaten:

70 g Sacha-Inchi-Samen

½ l gefiltertes Wasser

1 mittelgroße tiefgefrorene Banane

2 TL rohes Maca-Pulver in Bio-Qualität

1 EL Lucuma-Pulver in Bio-Qualität

3 Medjoul-Datteln, entkernt

1 EL grünes Pulver (z. B. Spirulina oder Chlorella)

1 TL naturreiner Vanilleextrakt

¼ TL Meersalz

10 Eiswürfel

Zubereitung:

Sacha-Inchi-Samen und Wasser in den Mixer geben. Etwa 1 Minute pürieren, bis die Mischung glatt und cremig ist.

Den Nussmilchbeutel in eine große Schüssel oder einen großen Krug geben oder Käsetuch in das Sieb legen und auf die große Schüssel oder den Krug setzen. Die Sacha-Inchi-Mischung durchgießen.

Die Sacha-Inchi-Milch durch das Sieb drücken und in den Mixer zurückgießen. Restliche Zutaten dazugeben.

Die Mischung 20 Sekunden auf höchster Stufe oder so lange pürieren, bis Ihr Smoothie eine homogene, cremige Konsistenz hat. Kalt servieren und genießen!

✦KNACKIG-CREMIGER INCHI-KIRSCH-SMOOTHIE✦

Smoothies tragen ihren Namen aus einem ganz bestimmten Grund: Sie sind „smooth", also schön glatt und cremig. Doch manchmal bekomme ich einfach Lust, die klassischen Dinge ein bisschen aufzupeppen. Deshalb schlage ich bei diesem vor, ein paar ganze Sacha-Inchi-Samen darunterzumischen, um eine unerwartete Kreation aus samtiger Cremigkeit und knuspriger Knackigkeit zu erzeugen. Beim Genießen dieses dekadenten Drinks wird Ihr Körper sich über die Omega-Fettsäuren freuen, die Ihre Hirnfunktion anregen. Saftig-süße Kirschen stocken Ihre Antioxidantienreserven auf und gehen eine harmonische Verbindung mit der blutzuckersenkenden Lucuma-Frucht ein. Beide ergänzen den nussigen Geschmack von Sacha-Inchi-Samen perfekt.

Zubereitungszeit: 5 Minuten

Geräte: Mixer

Ergibt: etwa ½ Liter Smoothie

Zutaten:

2 EL Sacha-Inchi-Proteinpulver

150 g frische oder tiefgefrorene Kirschen

360 ml Hanfmilch

1 EL Lucuma-Pulver in Bio-Qualität

1 TL naturreiner Vanilleextrakt

2 EL Ahornsirup

10 Sacha-Inchi-Samen, mit Schokolade überzogen

Zubereitung:

Sacha-Inchi-Proteinpulver, Kirschen, Hanfmilch, Lucuma-Pulver, Vanilleextrakt und Ahornsirup in den Mixer geben.

Auf höchster Stufe 20 Sekunden pürieren oder bis Ihr Smoothie eine vollkommen cremige Konsistenz hat.

In ein Glas füllen und die gehackten schokolierten Sacha-Inchi-Samen unterrühren. Wohl bekomm's!

KAPITEL 11

KOKOSNUSS

DAS VIELSEITIGE SUPERFETT

REZEPTE

Copacabana verde

Süß-scharfer Thai-Smoothie

Grüner Hottie-Smoothie

Dream-Bar-Smoothie

C_2O-Orangen-Fresca

Ich verrate Ihnen jetzt einmal ein Geheimnis: Ich bin verliebt ... Ja, richtig verliebt - und zwar in die Kokosnuss! Diese Liebesbeziehung begann, als ich erkannt hatte, dass Kokosnüsse eine der wenigen Nahrungsquellen mit vielseitigen innerlichen und äußerlichen Anwendungsmöglichkeiten sind. Ich kann die Kokosnuss also nicht nur essen, sondern auch als wirksamen Feuchtigkeitsspender für die Haut, als Lippenbalsam und Haarspülung verwenden. Und außerdem kann ich Kokosnuss in vielen unterschiedlichen Formen zu mir nehmen: als Palmzucker, als Kokosöl, als Kokosbutter, als Kokosmilch, als Kokoswasser oder als *Coconut*

Aminos (eine sojafreie und salzarme Alternative zu Sojasauce und Tamari). Dazu kommen noch Kokosmehl, frische Kokosnuss, Flakes oder Raspel und Kokoscreme. Als ich alle diese köstlichen Kokosprodukte entdeckte und anfing, sie in meinen Speiseplan aufzunehmen und damit zu kochen, habe ich mich Hals über Kopf in sie verliebt. Aber wie bei vielen Liebesbeziehungen wächst die Liebe mit der Entfernung, d. h., selbst wenn ich am liebsten den ganzen Tag Kokosnuss essen würde, so enthält sie doch gesättigte Fettsäuren. Deshalb habe ich beschlossen, sie in Maßen zu genießen. Auch Sie werden die Kokosnuss wegen ihrer vielseitigen Verwendbarkeit und der Vielfalt an unterschiedlichen Kokos-Produkten lieben lernen. Was sie am attraktivsten macht, ist ihre Fülle an gesundheitsfördernden Eigenschaften. Wussten Sie, dass Kokosnuss beim Abnehmen helfen kann, die („schlechten") LDL-Cholesterinwerte senkt und den Stoffwechsel anregt? Und außerdem ist sie bekannt dafür, dass sie das Risiko von Herzerkrankungen und den Blutdruck senkt.

KOKOSNUSS BEKÄMPFT VIELERLEI GEFAHREN FÜR DIE GESUNDHEIT

Wegen ihres hohen Gehalts an gesättigten Fettsäuren war die Kokosnuss früher tabu. Doch wir wissen inzwischen, dass das gesättigte Fett in Kokosöl ganz einzigartig und anders als andere gesättigte Fette ist.

Marisa Moore, eine Vertreterin der *American Dietetic Association*, hat dazu erklärt: „Verschiedene Typen von gesättigten Fetten verhalten sich ganz unterschiedlich." Der größte Teil des Fettgehalts in Kokosnüssen (66 Prozent) besteht aus Laurinsäure, einer mittelkettigen Fettsäure (diese gehört zu den MCT-Fetten von engl. *middle chain triglycerides*). Alle anderen gesättigten Fettsäuren enthalten langkettige Fette (oder LCT-Fette, engl. *long chain triglycerides*), die unser Blut verkleben und als Fett gespeichert werden. Sobald die Laurinsäure in den Körper aufgenommen wird, wird sie in Monolaurin umgewandelt – ein Molekül, das nach Ansicht einer Reihe von Ärzten wie Andrew Weil und Joseph Mercola im Körper entzündungshemmend wirkt und Infektionen, Bakterien sowie Viren bekämpft.

Kein Wunder, dass die Südsee-Insulaner Kokosöl als Allheilmittel ansehen. Die Kokospalme ist in ihrer Kultur so hoch angesehen, dass sie sie den „Baum des Lebens" nennen. Obwohl die Kokosnuss rund um die Welt seit Jahrhunderten verehrt wird, hat die moderne Wissenschaft erst in den letzten Jahren ihre geheimnisvollen Heilkräfte entdeckt. So haben Forscher der *Johann-Wolfgang Goethe-Universität* in Frankfurt am Main im April 2002 herausgefunden, dass Kokosöl ein effizientes Wundheilmittel ist. Diese Eigenschaft wird auf die Laurinsäure zurückgeführt, die antibakterielle und antimykotische Eigenschaften hat.

Forschern der *Universidade Federal de Alagoas* in Brasilien zufolge besitzt Kokosöl die Fähigkeit, die („guten") HDL-Cholesterinwerte zu erhöhen und die („schlechten") LDL-Werte zu senken. Zu diesem Ergebnis gelangten sie anhand einer 2009 mit vierzig Frauen im Alter von 20 bis 40 Jahren durchgeführten Studie. Sie teilten die Probanden in zwei Gruppen auf. Den Frauen der ersten Gruppe wurde täglich eine Dosis Sojaöl verabreicht, während die anderen zwanzig Frauen eine Tagesdosis von 30 Millilitern Kokosöl bekamen. Beide Gruppen wurden auf eine kalorien- und kohlenhydratarme Diät gesetzt und angewiesen, jeden Tag fünfzig Minuten zu laufen. Am Ende dieser 12-wöchigen Studie wurden beide Gruppen untersucht. Die „Kokosöl-Gruppe" hatte hohe HDL-Cholesterinwerte und niedrigere LDL-Werte, während die „Sojaöl-Gruppe" höhere LDL-Cholesterinwerte und niedrigere HDL-Werte aufwies.

Kauf und Aufbewahrung von Kokosnuss

Beim Kauf von Kokosöl (und anderen Kokosprodukten, siehe „Bezugsquellen", Seite 198 ff.) sollten Sie darauf achten, nur unraffiniertes, kalt gepresstes Öl auszuwählen. Kokosbutter und Kokosöl können bei Zimmertemperatur bis zu zwei Jahre lang aufbewahrt werden – wenn Sie es schaffen, so lange die Finger davon zu lassen. Kokosraspel, Kokosflakes und Kokosmehl finden Sie in Ihrem Naturkostladen, Bio-Supermarkt oder Reformhaus häufig bei den Backzutaten. Aminosäuren aus der Kokosnuss, sogenannte *Coconut Aminos*, sind nur im Internet erhältlich.

Wie viel Kokosnuss am Tag ist gesund? Die Gesundheitsexperten Dr. Mehmet Oz und Dr. Joseph Mercola empfehlen bis zu 3 Esslöffeln (etwa 40 Gramm) kalt gepresstes Öl oder Kokosbutter pro Tag. Wenn Sie lieber die ganze Nuss verzehren – als Chips, Raspel oder frische Kokosnuss –, dann sollten Sie davon täglich nicht mehr als 40 Gramm verzehren.

Kochen mit Kokosöl

Anders als andere Öle mit gesättigten Fettsäuren ist Kokosöl mit einem Rauchpunkt von 182 °C recht hitzestabil. Aus diesem Grund ist es ideal zum Braten und Frittieren. Es oxidiert nur langsam und wird nicht so schnell ranzig.

Fettarme Kokosmilch (light) lässt sich gut zum Verfeinern von Suppen, zum Beispiel für Brokkolicremesuppe, verwenden. Auch zu Pastinaken-, Blumenkohl- oder Süßkartoffelsuppe passt das Kokosaroma gut. Damit wird Ihre Suppe cremiger – ohne zusätzliche Kalorien. Für eine üppige Suppe nehmen Sie besser die vollfette Kokosmilch-Variante.

Mit Kokosmilch können Sie auch geschlagene Sahne ersetzen: Kühlen Sie eine Dose mit vollfetter Kokosmilch mindestens zwölf Stunden lang im Kühlschrank. Dann drehen Sie die Dose um und öffnen sie an der Unterseite. Das Kokoswasser hat sich unten abgesetzt und oben hat sich eine Schicht aus weißem, cremigen Kokosfett gebildet. Das elektrolytreiche Kokoswasser gibt einen aromatischen Drink ab. Sie können es aber auch in Eiswürfelformen füllen, einfrieren und mit den Würfeln Ihre Smoothies kühlen und süßen.

Das Kokosfett geben Sie in eine Schüssel. Dazu eine Messerspitze Vanillepulver und einen Esslöffel Yacónsirup. Schlagen Sie alles im Mixer zu einer festen Creme auf. Diese können Sie löffelweise zu Desserts, Tee oder Kaffee geben oder Ihre Cocktails damit garnieren.

FETT ESSEN UND DABEI ABNEHMEN

Zum Abbau von mittelkettigen Fettsäuren müssen die Leber und die Gallenblase im Gegensatz zu anderen gesättigten Fetten nicht aktiv werden. Sie sind also leichter verdaulich. Mittelkettige Fettsäuren, wie die in der Kokosnuss vorkommenden, fördern darüber hinaus eine Körperfunktion, die „Thermogenese" (Wärmebildung) genannt wird. Sie erhöht den Stoffwechsel, wodurch Energie erzeugt wird – ein Vorgang, der vergleichbar ist mit der Umwandlung von Kohlenhydraten in Energie. Diese erhöhte Stoffwechselrate verbessert den Blutfluss, die Verbrennung von Kalorien und begünstigt so einen Gewichtsverlust.

Im Juli 1978 haben Forscher der Pädiatrischen Abteilung an der *Vanderbilt University* in Nashville (Tennessee/USA) die Auswirkungen der Thermogenese bei Menschen untersucht, die mit mittelkettigen Fettsäuren regelrecht „vollgestopft" wurden.

Zehn männliche Freiwillige nahmen üppige Mahlzeiten zu sich, die 40 Prozent Fett entweder in Form von mittelkettigen Fettsäuren oder in Form von langkettigen Fettsäuren enthielten. Jeder Probanden wurde im Verlauf einer Woche regelmäßig untersucht. Daraufhin erklärten die Forscher: „Unsere Studien haben gezeigt, dass eine Ernährung mit einem übermäßig hohen Anteil an mittelkettigen Fettsäuren die Thermogenese stärker stimuliert als überschüssige Energie aus langkettigen Fettsäuren. Dieser höhere Energieverbrauch beweist, dass überschüssige Energie aus mittelkettigen Fettsäuren weniger effizient gespeichert wird."

✦COPACABANA VERDE✦

Stellen Sie sich eine Piña Colada mit einem Hauch gesundem Grün vor. Frische Salatgurke verleiht diesem Smoothie eine angenehme Kühle und bereichert ihn mit dem schön machenden Hautschmeichler Zink. Spinat liefert gleich eine ganze Fülle an Vitaminen: augenstärkendes Vitamin A, immunstimulierendes Vitamin C und Energie verleihendes Vitamin B. Die Avocado reichert diesen erfrischenden grünen Mix mit Ballaststoffen und leicht verdaulichem Fett an. Ananas enthält Bromelain, ein Fruchtenzym, das die Eiweißverdauung unterstützt. Und es ist die Ananas, die die exotische, tropische Geschmacksnote in diesen Smoothie bringt. Schließlich ist sie für ihr harmonisches Zusammenspiel mit dem süßlich-nussigen Aroma der Kokosnuss bekannt.

Zubereitungszeit: 5 Minuten

Geräte: Mixer

Ergibt: etwa ½ Liter Smoothie

Zutaten:

80 g tiefgefrorene Ananasstücke

¼ Salatgurke, gehackt

1 große Handvoll Spinat

2 EL pflanzliches Proteinpulver in Rohkostqualität, mit Vanillegeschmack (z. B. aus Erbsen oder Hanf)

¼ mittelgroße Avocado, geschält und entkernt

240 ml Kokoswasser

1 EL Kokosflakes oder Kokosraspel in Bio-Qualität, ungesüßt

Zubereitung:

Alle Zutaten in den Mixer geben. Bei höchster Geschwindigkeit 20 Sekunden pürieren oder bis Ihr Smoothie eine glatte, cremige Konsistenz hat.

Genießen Sie diesen Power-Smoothie sofort Schluck für Schluck.

✦SÜSS-SCHARFER THAI-SMOOTHIE✦

Auf meinen Reisen durch Thailand habe ich es geliebt, zwischendurch frische Mangos mit einer süßlich-scharfen roten Chilisauce zu essen. Nach meiner Rückkehr wollte ich die köstlichen Geschmacksnoten in einen nahrhaften, erfrischenden Shake einbringen. Dieser Smoothie ist eine Kombination aus stoffwechselanregendem Thai-Chili mit erfrischender Mango und süßer Banane. Das Ganze wird verfeinert mit kühlendem Kokoswasser und cremiger Kokosmilch, die natürlichen Zucker und wertvolle Fette für unsere Herzgesundheit liefert. Abgerundet wird dieser unerwartet köstliche Smoothie mit Basilikum, das ihm einen raffinierten Hauch von Sommerfrische verleiht.

Zubereitungszeit: 5 Minuten

Geräte: Mixer

Ergibt: etwa ½ Liter Smoothie

Zutaten:

90 g tiefgefrorene Mangostücke

¼ mittelgroße Avocado, geschält und entkernt

¼–½ rote Thai-Chili oder 1 mittelgroße rote Jalapeño-Schote, ohne Kerne (nach Belieben)

3 Basilikumblätter, möglichst vom Thai-Basilikum

½ mittelgroße Banane

180 ml Kokosmilch

120 ml Kokoswasser

1 TL Kokosraspel in Bio-Qualität, ungesüßt

Zubereitung:

Mangostücke, Avocado, Chili, Basilikum, Banane, Kokosmilch und Kokoswasser in den Mixer geben. Bei höchster Geschwindigkeit 20 Sekunden lang pürieren oder so lange, bis Ihr Smoothie eine cremige Konsistenz hat.

In ein Glas füllen und mit Kokosraspeln bestreuen. Genießen Sie dieses scharfe Vergnügen sofort in kleinen Schlucken.

✦GRÜNER HOTTIE-SMOOTHIE✦

Diese cremige Köstlichkeit hat wirklich mexikanisches Temperament! Denn die Jalapeño-Schote bringt nicht nur eine einzigartige Geschmacksexplosion in den süßen Mix, sondern stimuliert auch den Blutkreislauf und senkt den Blutdruck. Der frische, fruchtig-herbe Orangensaft geht eine fantastische Allianz mit der cremig-sahnigen Kokosmilch ein. Er stärkt mit seiner Fülle an Vitamin C Ihr Immunsystem. Und die Schwefelverbindungen des Grünkohls sorgen für die Ausscheidung von Giften und krebserregenden Substanzen aus Ihrem Körper. Ihre Verdauung bekommt Unterstützung durch den frischen Limettensaft, der zudem Ihren Stoffwechsel anregt. Alle diese Zutaten machen den Hottie-Smoothie zu einem erfrischenden Mix mit einer herrlichen Note aus natürlicher Süße, fruchtiger Spritzigkeit und Schärfe. Olé!

Zubereitungszeit: 5 Minuten

Geräte: Mixer

Ergibt: etwa ½ Liter Smoothie

Zutaten:

1 große Handvoll Spinat

2 große Grünkohlblätter, von den Rippen befreit und gehackt

Saft von ½ Limette, frisch ausgepresst

½ kleine Jalapeño-Schote, die Hälfte der Kerne entfernen

240 ml frisch gepresster Orangensaft

60 ml Kokosmilch

120 ml Kokoswasser

Zubereitung:

Alle Zutaten in den Mixer geben und bei höchster Geschwindigkeit 20 Sekunden pürieren oder bis Ihr Smoothie eine cremige Konsistenz hat.

Genießen Sie diesen Power-Drink sofort in kleinen Schlucken.

✦DREAM-BAR-SMOOTHIE✦

In den USA gibt es sogenannte *Dream Bars*. Das sind süße, klebrige Knusperriegel mit viel Kokosnuss. Sie wurden früher häufig zu Weihnachten oder an anderen Festtagen als Überraschung in den Keksdosen versteckt. In meiner Kindheit lagen in den Dosen, die unsere Familie geschenkt bekam, immer ein oder zwei dieser Riegel unter den Keksen und ich kämpfte dann meistens mit meinen drei Brüdern darum, auch einen Bissen von dieser süßen Köstlichkeit abzubekommen. Heute muss ich glücklicherweise nicht mehr meine Ellenbogen einsetzen, um an die begehrten Dream-Bar-Riegel zu kommen, sondern einfach verschiedene Zutaten mischen, die an den Geschmack dieses Knusperriegels erinnern. Und da die Zutaten obendrein auch noch supernährstoffreich sind, brauche ich nicht einmal ein schlechtes Gewissen zu haben! Gesüßt wird dieser Smoothie mit zuckersüßen Datteln, die viele Ballaststoffe und Eisen enthalten. Die Ballaststoffe stillen Ihren Hunger und unterstützen Ihre Verdauung. Die Kokosbutter fördert durch ihren hohen Anteil an mittelkettigen Fettsäuren die Kalorienverbrennung und das Kokoswasser liefert nicht nur natürliche Süße, sondern auch viel Feuchtigkeit. Den klassischen „Dream-Bar"-Geschmack verleihe ich diesem Smoothie vor allem mit Pekannüssen, die reich an cholesterinsenkenden Pflanzensterinen sind.

Zubereitungszeit: 5 Minuten

Geräte: Mixer

Ergibt: etwa ½ Liter Smoothie

Zutaten:

- 1 EL kalt gepresste Kokosbutter in Bio-Qualität
- 4 Medjoul-Datteln, entkernt
- 1 EL Pekannüsse
- 1 TL naturreiner Vanilleextrakt
- 120 ml Kokosmilch light
- 120 ml Kokoswasser
- 1 TL Kokosraspel in Bio-Qualität, ungesüßt

Zubereitung:

Kokosbutter, Datteln, Pekannüsse, Vanille, Kokosmilch und Kokoswasser in den Mixer geben.

Auf höchster Stufe 20 Sekunden lang pürieren oder bis Ihr Smoothie eine homogene, cremige Konsistenz hat.

In ein Glas füllen und mit Kokosraspeln bestreuen. Genießen Sie diesen cremigen Smoothie sofort in kleinen Schlucken.

✦C$_2$O-ORANGEN-FRESCA✦

Ich habe schon so viel Kokoswasser eingekauft, dass ich auf meinem Einkaufszettel dafür schließlich nur noch das Kürzel „C$_2$O" notierte. Dieser erfrischende Power-Drink ist eine Mischung aus kühlendem C$_2$O und frisch gepresstem Orangensaft. Das Ergebnis ist ein fruchtig-spritziger Erfrischungsdrink für heiße Sommertage. Ganze Chiasamen quellen in Wasser auf und bekommen eine gelartige Konsistenz, die unglaublich gut für die Verdauung ist und Ihren Körper bei der Ausscheidung von Toxinen unterstützt. Ungesüßte Kokosraspel stärken die Abwehrkräfte und Orangenschale ist reich an Vitamin C, das Ihr Immunsystem in Schwung bringt und die Spannkraft Ihrer Haut erhöht.

Zubereitungszeit: 25 Minuten

Utensilien und Geräte: kleines Glas, großer Krug, Mixer

Ergibt: etwa ½ Liter Fresca

Zutaten:

2 TL Chiasamen

60 ml gefiltertes Wasser

1 EL Kokosraspel in Bio-Qualität, ungesüßt

¼ TL Orangenschale (von einer Bio-Orange!)

180 ml frisch gepresster Orangensaft

1 EL Ahornsirup

120 ml Kokoswasser

10 Eiswürfel

Zubereitung:

Chiasamen und Wasser in ein kleines Glas geben und bei Zimmertemperatur 10 Minuten quellen lassen. Umrühren und weitere zehn Minuten beiseitestellen.

In der Zwischenzeit Kokosraspel, Orangenschale, Orangensaft, Ahornsirup, Kokoswasser und Eis in den Mixer geben.

Auf höchster Geschwindigkeit 20 Sekunden pürieren. Anschließend in einen großen Krug gießen und die Chiasamen mit dem Wasser unterrühren. Genießen Sie diesen Drink sofort Schluck für Schluck.

Teil III

DIE SUPER-PFLANZEN

KAPITEL 12

GRÜNKOHL

DER GRÜNE MEGA-FLAVONOID-LIEFERANT

REZEPTE

Hitziges grünes Saftvergnügen

Grünes Lebenselixier

Köstlicher Kräuter-Smoothie

Schoko-Minz-Smoothie

Entgiftender Apothekersaft

Falls Sie Grünkohl schon einmal probiert haben und ihn nicht mochten, sollten Sie ihm unbedingt noch eine Chance geben! Verzehren Sie ihn einfach in einer anderen Zubereitungsform. Möglicherweise schmeckt Ihnen Grünkohl plötzlich unheimlich gut, wenn Sie ihn in Ihren Smoothie geben oder mit Zitronensaft und Meersalz mariniert oder als knusprige Grünkohlchips angeboten bekommen.

GRÜNKOHL: DER SCHÖNMACHER UNTER DEN NAHRUNGSMITTELN

Roher Grünkohl ist eine fantastische Vitamin- und Mineralstoffquelle. Wussten Sie, dass 240 Gramm roher Grünkohl nur 34 Kalorien, aber ganze 90 Milligramm Kalzium enthält? Das sind nahezu 10 Prozent des empfohlenen Tagesbedarfs an Kalzium. Dieser essenzielle Mineralstoff fördert das Wachstum und die Erhaltung von kräftigen Knochen, Haaren, Zähnen und Nägeln. Ohne ausreichende Kalziumaufnahme können degenerative Erkrankungen wie Osteoporose entstehen, die zu Sprödigkeit der Knochen führt.

In der angegebenen Menge Grünkohl stecken außerdem noch 80 Milligramm Vitamin C, was 134 Prozent der empfohlenen Tagesdosis entspricht. Vitamin C hat eine starke antioxidative Wirkung, die die Haut elastischer macht und das Immunsystem stimuliert.

Eine wichtige Rolle beim Alterungsprozess spielt oxidativer Stress, d. h., die Belastung Ihres Körpers durch in der Umwelt und in der Nahrung enthaltene Gifte. Eine der einfachsten und natürlichsten Methoden, um auch im Alter gesund und fit zu bleiben, ist ein an Antioxidantien reicher Speiseplan. Grünkohl enthält sehr wirksame Antioxidantien, wie Karotinoide und Flavonoide, die den Körper darin unterstützen, freie Radikale einzufangen und damit den Alterungsprozess zu verlangsamen. Freie Radikale können gesunde Zellen schädigen. Zudem ist wissenschaftlich erwiesen, dass sie das Risiko und Fortschreiten von Krebs- und Herz-Kreislauf-Erkrankungen sowie anderen altersbedingten Erkrankungen erhöhen. Die Zugabe von Grünkohl zu Ihren Salaten, Smoothies und Säften ist eine ausgezeichnete Möglichkeit, sich ein jugendliches Aussehen und blühende Gesundheit zu erhalten!

GRÜNKOHL TUT BESONDERS FRAUEN GUT!

Der Wissenschaftlerin Amy Scholten von der *Harvard Medical School* zufolge kann eine zu geringe Aufnahme von essenziellen Vitaminen und Mineralien das prämenstruelle Syndrom (PMS) verstärken. Umgekehrt bedeutet dies, dass PMS-Symptome durch eine ausreichende Aufnahme insbesondere von Kalzium, Magnesium, Mangan, Zink und den Vitaminen E und D abgeschwächt werden können. Enthält Grünkohl etwa diese PMS-bekämpfenden Nährstoffe? Ja, meine Lieben – und das sogar in Hülle und Fülle!

Leiden Sie während der Periode unter Verstopfung? Fühlen Sie sich aufgebläht oder bekommen Sie regelmäßig Akne-Schübe? Durch eine ballaststoffreiche Ernährung mit Nahrungsmitteln wie Grünkohl können Sie eine regelmäßige Darmtätigkeit unterstützen. Feuern Sie Ihren Körper durch entgiftenden Grünkohl, der reich an Antioxidantien ist, zum Kampf gegen Hautunreinheiten und Pickel an. Er befreit den Körper von all den Umwelt- und Nahrungsgiften, die zur Entstehung von Akne beitragen.

GRÜNKOHL GEHT KREBSZELLEN AN DEN KRAGEN

Grünkohl gehört zur Familie der Kreuzblütengewächse, die für ihre antioxidativen und antikarzinogenen (krebshemmenden) Eigenschaften bekannt sind. Der *American Cancer Society* zufolge ist Krebs nach wie vor die zweithäufigste Todesursache in den USA. Nach einem auf ihrer Website im Januar 2013 veröffentlichten Artikel sterben jedes Jahr fast 575.000 Amerikaner an Krebs und nahezu ein Drittel dieser Todesfälle ist u. a. durch Bewegungsmangel, schlechte Ernährung und Fettleibigkeit bedingt – also durch Umstände, die verhindert werden können.

Hier kommt unser Rettungsanker Grünkohl zum Einsatz: Er hat nicht nur sehr wenig Kalorien, sondern ist auch reich an Ballaststoffen und essenziellen Nährstoffen, die langfristig gesundheitserhaltend wirken.

Die 1993 in China veröffentlichte Studie zur Krebsvorbeugung war die erste große randomisierte Untersuchung zur Rolle von Antioxidantien in Bezug auf das Risiko, an Krebs zu erkranken. Bei dieser Studie wurde die Wirkung einer Kombination von Vitamin E, Betacarotin und Selen auf Krebs untersucht. Die Forscher testeten den Effekt dieser Nährstoffe auf chinesische Männer und Frauen mit einem hohen Magenkrebsrisiko. Die Studie zeigte, dass diese Kombination der drei Nährstoffe das Risiko der Probanden verringerte, an Magenkrebs und anderen Krebsarten zu erkranken.

Aber ich will Sie natürlich nicht über die gesundheitlichen Vorzüge von Grünkohl informieren, ohne Sie darauf hinzuweisen, was für eine fantastische Flavonoidquelle er ist: Er enthält mehr als 45 verschiedene Arten von Flavonoiden, wie z. B. Kaempferol und Quercetin, die laut zahlreicher Studien nachweislich Allergiesymptome abschwächen können. Flavonoide haben sowohl eine antioxidative als auch eine entzündungshemmende Wirkung. Das macht Grünkohl zu einer der besten grünen Superpflanzen, die nachweislich chronische Entzündungen und oxidativen Stress reduziert.

Kauf und Aufbewahrung von Grünkohl

Da Grünkohl das ganze Jahr über angebaut wird, ist er jederzeit verfügbar (siehe dazu auch „Bezugsquellen", Seite 198 ff.). Bewahren Sie ihn im Kühlschrank auf, so behält er seine optimale Frische. Und waschen Sie ihn erst, wenn Sie ihn zubereiten wollen. Bei richtiger Aufbewahrung bleibt ihr dunkles Grün bis zu sieben Tage lang erhalten.

Zur Zubereitung den Grünkohl zuerst waschen und sorgfältig abtrocknen, dann von Strunk und den harten Rippen befreien. Halten Sie dabei das Blatt mit einer Hand unten an der harten Rippe fest, ergreifen Sie es mit der anderen Hand und ziehen es behutsam in die andere Richtung von der Rippe ab. Die Blätter schmecken köstlich in Salaten, Smoothies und Suppen oder als Grünkohlchips.

+HITZIGES GRÜNES SAFTVERGNÜGEN+

Dieser Saft ist wie eine stylische Diva, die vom langen Feiern etwas aus der Façon geraten ist und dann schnell hitzköpfig und chaotisch wird. Zunächst hat man das Gefühl, dass sein Geschmack gut komponiert und absolut köstlich ist. Doch dann breitet sich ganz unvermittelt eine intensive Hitze und Würze in Ihrem Mund aus. Und Sie können ein „Wow, das habe ich nicht erwartet!" einfach nicht zurückhalten. Aber Sie werden ihn trotzdem lieben.

Korianderblätter sind als Zutat in Säften eher eine Seltenheit, aber in diese Mischung passt er vom Geschmack her und auch aus ernährungs-physiologischer Sicht wirklich gut - und er wirkt Wunder. Koriander ist eine der besten pflanzlichen Quellen für Vitamin K, das gut für gesunde, starke Knochen ist. Sein Geschmack erinnert an Zitrus sowie Salbei und harmoniert bestens mit Orange und Apfel. Der Spinat liefert eine Megadosis an Phytostoffen, die Ihre Zellen entgiften und nähren. Und das Juwel, das dazu bestimmt ist, feurigen Pep in den Mix zu bringen, ist der Jalapeño-Chili. Er kurbelt den Stoffwechsel an, verbrennt Kalorien und steigert die Durchblutung. Sind Sie bereit? Ab geht die Party!

Zubereitungszeit: 5 Minuten

Geräte: Entsafter

Ergibt: etwa ½ Liter Saft

Zutaten:

1 kleine Handvoll frische Korianderblätter

½ Jalapeño-Schote, ohne Kerne

60 g Spinat

2 große Grünkohlblätter, von den
   Rippen befreit

4 große Blätter vom Romanasalat

1½ Orangen, geschält
   (mit der weißen Haut)

1½ mittelgroße süße Äpfel
   (z. B. die Sorte Red Delicious),
   halbiert und entkernt

Zubereitung:

Korianderblätter, Jalapeño-Schote, Spinat, Grünkohl- und Romanablätter, Orangen und Äpfel nacheinander in den Entsafter geben.

In ein großes Glas oder einen Krug füllen und sofort Schluck für Schluck genießen.

✦GRÜNES LEBENSELIXIER✦

Wenn Sie diesen Saft trinken, haben Sie einen guten Grund, damit zu prahlen, wie viel grünes Gemüse Sie an einem Tag zu sich nehmen. Da kommt nicht mal Popeye mit! Der Spinat deckt 20 Prozent Ihres Tagesbedarfs an Kalzium. Und säuerliche grüne Äpfel halten bekanntlich den Arzt fern. Sie liefern Ihnen eine gesunde Dosis an darmfreundlichen Bakterien. Diese Stärkung der Darmflora stimuliert Ihr Immunsystem und schützt Sie vor Verdauungsbeschwerden. Auch Romanasalat ist, ob Sie's glauben oder nicht, reich an Nährstoffen wie Folat, das Ihre Energiespeicher auflädt und stimmungsregulierend wirkt. Die Salatgurke versorgt Sie mit Wasser, bringt Ihren Teint zum Strahlen und gleicht auf natürliche Weise den Hormonhaushalt aus. Und die Prise Meersalz lässt dieses grüne Lebenselixier nicht nur besser schmecken, sondern liefert auch wichtige Mineralien wie Magnesium und Kalium. Beim Genießen des frischen, spritzig-säuerlichen Geschmacks dieses Power-Safts, bei dem der grüne Apfel im Mittelpunkt steht, wird Ihnen mit Sicherheit das Wasser im Mund zusammenlaufen!

Zubereitungszeit: 5 Minuten

Geräte: Entsafter

Ergibt: etwa ½ Liter Saft

Zutaten:

1 kleine Handvoll Petersilie

60 g Spinat

2 große Grünkohlblätter, von den Rippen befreit

4 große Blätter vom Romanasalat

4 Stangen Sellerie, von den Enden befreit

1 mittelgroße Salatgurke, von den Enden befreit

2 mittelgroße grüne Äpfel, halbiert und entkernt

1 Prise Meersalz

Zubereitung:

Petersilie, Spinat, Grünkohl, Romanasalat, Sellerie, Salatgurke und grüne Äpfel in dieser Reihenfolge in den Entsafter geben.

Den Saft in ein großes Glas oder einen Krug füllen und das Meersalz unterrühren. Genießen Sie diesen Power-Drink sofort in kleinen Schlucken!

✦KÖSTLICHER KRÄUTER-SMOOTHIE✦

Diese unerwartete Kreation aus saftiger Grapefruit, Korianderblättern, Petersilie, süßem Kokoswasser und einem Hauch Kreuzkümmel wird Ihnen mit Sicherheit ein überraschtes „Mmmmhh!" entlocken. Doch dieser kräuterköstliche Smoothie ist nicht nur unheimlich lecker, sondern enthält auch eine Fülle an Antioxidantien, Vitaminen und Mineralien, die Ihren Körper gesund und fit halten. Viel Vitamin C, A, E und K unterstützen die Gewebeerneuerung, lassen Ihre Haut und Ihre Augen strahlen und stärken Ihr Immunsystem. Kalzium, Magnesium und Kalium sorgen für einen ausgeglichenen Wasserhaushalt, einen gut funktionierenden Magen-Darm-Trakt und starke sowie bestens genährte Muskeln. Worauf warten Sie also noch?

Zubereitungszeit: 5 Minuten

Geräte: Mixer

Ergibt: etwa ½ Liter Smoothie

Zutaten:

1 kleine Handvoll frische Korianderblätter

1 kleine Handvoll Petersilie

2 große Grünkohlblätter, von den Rippen befreit

1 große Handvoll Spinat

⅛ TL Kreuzkümmel

120 ml frisch gepresster Saft von einer rosa Grapefruit

380 ml Kokoswasser

Zubereitung:

Alle Zutaten in den Mixer geben. Bei höchster Geschwindigkeit 20 Sekunden pürieren oder bis Ihr Smoothie eine homogene, cremige Konsistenz hat.

Genießen Sie diesen würzigen Smoothie sofort in kleinen Schlucken!

✦SCHOKO-MINZ-SMOOTHIE✦

Eine der Lieblings-Eissorten meiner Kindheit war Pfefferminzeis mit Schokostückchen. Als ich dann vor mehr als vier Jahren alle Milchprodukte aus meinem Speiseplan gestrichen habe, habe ich mir geschworen, dass ich diese beiden leckeren Geschmacksnoten, die so gut zusammenpassen, auf keinen Fall aufgeben werde! Nach ein paar Versuchen habe ich schließlich diesen gesunden Smoothie kreiert, der die Essenz dieses Sommergenusses verkörpert. Sie werden beim Trinken in Wohlgefühlen schwelgen und dabei nicht einmal merken, wie viel Kalzium und Antioxidantien - mit dem Grünkohl oder der ballaststoffreichen Avocado - in diesem Rezept stecken.

Zubereitungszeit: 5 Minuten

Geräte: Mixer

Ergibt: etwa ½ Liter Smoothie

Zutaten:

4 große Grünkohlblätter, von den Rippen befreit

½ mittelgroße Avocado, geschält und entkernt

10 bis 12 frische Minzblätter

2 EL pflanzliches Proteinpulver in Rohkostqualität, mit Schokogeschmack (z. B. aus Erbsen oder Hanf)

1 EL Kakaopulver in Rohkostqualität

360 ml Mandelmilch, ungesüßt

3 EL Yacónsirup in Rohkostqualität

4 bis 6 Eiswürfel

1 TL Kakaonibs in Rohkostqualität

Zubereitung:

Grünkohl, Avocado, Minzblätter, Protein- sowie Kakaopulver, Mandelmilch, Yacónsirup und Eiswürfel in den Mixer geben.

Auf höchster Stufe 20 Sekunden oder so lange pürieren, bis Ihr Smoothie eine cremige Konsistenz hat. In ein hohes Glas oder einen Krug füllen und mit den Kakaonibs bestreuen. Genießen Sie diesen erfrischenden Drink sofort in kleinen Schlucken.

✦ENTGIFTENDER APOTHEKERSAFT✦

Die grüne Power dieses Safts und die entgiftende Wirkung der Zitrone liefern Ihnen alle natürlichen Heilmittel, die Ihr Körper braucht und die Sie nicht in einer Pille aus der Apotheke bekommen.

Petersilie, Löwenzahn und Grünkohl bringen frische ländliche Naturkraft in diesen supergesunden Saft. Mit jedem Schluck fühlen Sie sich bis ins Mark genährt, während eine Fülle von krankheitsabwehrenden pflanzlichen Nährstoffen durch Ihre Venen fließt. Löwenzahnblätter haben eine wunderbar entgiftende Wirkung und kommen unserer natürlichen Schönheit zugute. Grapefruit liefert eine unglaubliche Menge an immunstimulierendem Vitamin C und Petersilie ist reich an Antioxidantien, die für gesunde Zellen sorgen. Doch das Beste kommt noch: Alle diese gesunden Substanzen stecken in einem superleckeren, süßen und fruchtig-herben Saft, den Sie zu jeder Tageszeit genießen können.

Zubereitungszeit: 5 Minuten

Geräte: Entsafter

Ergibt: etwa ½ Liter Saft

Zutaten:

1 kleine Handvoll Petersilie

5–6 Löwenzahnblätter

1 mittelgroße Zitrone, geschält (mit der weißen Haut)

4 große Grünkohlblätter, von den Rippen befreit

1½ rosa Grapefruit, geschält (mit der weißen Haut)

Zubereitung:

Petersilie, Löwenzahn, Zitrone, Grünkohl und Grapefruit in dieser Reihenfolge in den Entsafter geben.

Genießen Sie diesen gesunden Saft sofort in kleinen Schlucken.

KAPITEL 13

SPIRULINA

DER NATÜRLICHE SUPER-ENTGIFTER

REZEPTE
Scharfer Spirulina-Saft

Salsa-Verde-Smoothie

Apfel-Orangen-Muntermacher

Cremiger Beeren-Smoothie

Wärmender Spirulina-Ingwer-Smoothie

Spirulina ist eine blaugrüne, der Chlorella sehr ähnliche Algenart. Sie gehört der Familie der Cyanobakterien an und wächst in warmem, alkalischen Süßwasser. Diese Algen sind kein neuartiges oder trendiges Super-Nahrungsergänzungsmittel, das schon bald wieder in Vergessenheit geraten wird, sondern wurden von den Azteken bereits im 16. Jh. regelmäßig als Nahrungsquelle genutzt. Spirulina ist vor allem bekannt für seine immunstärkenden und entgiftenden Eigenschaften und für seine Fähigkeit, den Körper mit bestem pflanzlichen Eiweiß zu versorgen. Ihr Geschmack erinnert an geröstete Noriblätter (Algenblätter, die für die Zubereitung von Sushi verwendet werden), hat also eine nussige Note mit einem leichten Meereshauch. Die Säfte und Smoothies, die ich Ihnen in diesem Kapitel vorstellen werde, enthalten Zutaten, die bestens zu Spirulina passen.

PROTEINQUELLE FÜR VEGANER UND VEGETARIER

Bei der Frage nach guten Proteinquellen kommen den meisten Menschen zuerst Hühnchen, Fisch, Rindfleisch und Eier in den Sinn. Vegetarier oder Veganer denken dabei zunächst an Bohnen, Nüsse, Samen und Soja. Und nur sehr wenigen fällt sofort Spirulina als gute Eiweißquelle ein. Spirulina besteht jedoch hauptsächlich aus Eiweiß (je nach Sorte etwa zu 65 bis 71 Prozent). Dabei handelt es sich um „komplexes" Eiweiß, denn es enthält alle neun essenziellen Aminosäuren. Hier ein kleiner Vergleich dieser Superalgen mit anderen Proteinquellen: Rindfleisch besteht nur zu 22 Prozent aus vollständigem Protein und Linsen zu 25 Prozent. Dagegen ist der hohe Proteingehalt von Spirulina doch erstaunlich hoch! Warum ist das so wichtig? Protein ist ein lebenswichtiger Makronährstoff und ein Eiweißmangel kann schwere Krankheiten nach sich ziehen. Der *U.S. National Library of Medicine* und den *National Institutes of Health* zufolge enthält jede Zelle im menschlichen Körper Eiweiß. Es ist einer der wichtigsten Bausteine für Haut, Muskeln, Organe und Drüsen. Eiweiß findet sich außer im Gallensaft und im Urin auch in anderen Körperflüssigkeiten. Der Mensch muss sich mit der Nahrung Eiweiß zuführen, um seinen Körper bei der Erneuerung und Entstehung von Zellen zu unterstützen. Eiweiß ist insbesondere in der Wachstums- und Entwicklungsphase der Kindheit und Jugend sowie in der Schwangerschaft von Bedeutung.

Spirulina ist auch deshalb eine so interessante Proteinquelle, weil es im Gegensatz zu tierischem Eiweiß und fertig gekochten Hülsenfrüchten sehr viel länger haltbar ist. Dadurch treten hinsichtlich der Lebensmittelsicherheit kaum Probleme auf. Zudem muss Spirulina vor dem Verzehr nicht gekocht werden.

DER SCHWERMETALL-ENTGIFTER

Durch die Umwelt- und Luftverschmutzung sind wir regelmäßig Schwermetallen, Pestiziden, Strahlung und anderen krankmachenden Substanzen ausgesetzt. Mit der Zeit wirken sich alle diese Gifte negativ auf die Gesundheit unseres Körpers aus und machen ihn krank und schlapp. Sie können außerdem zu degenerativen Krankheiten wie Krebs und Herz-Kreislauf-Erkrankungen führen. Spirulina hat die wunderbare Fähigkeit, sich an diese krankheitsbegünstigenden Toxine zu binden und diese aus dem Körper zu leiten. Dieser Prozess der Giftausscheidung wird auch als „Chelatbildung" bezeichnet.

Spirulina ist ein natürlicher Chelatbildner, der wirksam giftige Metalle wie Quecksilber, Arsen und Blei an sich bindet. Die Gifte werden dann in eine chemisch inaktive Form umgewandelt und ohne weitere Wechselwirkung mit den Organen aus dem Körper ausgeschieden.

Spirulina nimmt die Gifte um sich herum leicht auf. Stellen Sie sich diesen Vorgang wie einen trockenen Schwamm vor, der, wenn man ihn ins Wasser gibt, so viel Wasser wie möglich aufsaugt. Genauso wirkt Spirulina in Bezug auf die Gifte in Ihrem Körper.

Entgiftung ist außerordentlich wichtig, da ein mit Giften verseuchter Körper Gefahr läuft, ernsthaft krank zu werden. Darüber hinaus beeinträchtigen giftige Substanzen auch unser Aussehen. Schlaffe Haut, Hautunreinheiten, Rötungen, Akne sowie trockene und brüchige Nägel können daher rühren, dass viele Gifte im Körper sind. Durch die Aufnahme von mehr pflanzlichen Nahrungsmitteln, wie z. B. Spirulina, in Ihren Speiseplan helfen Sie Ihrem Körper, diese schädlichen Substanzen loszuwerden und sich mit optimalen Vitalstoffen zu versorgen, um wirklich von innen heraus gesund zu sein.

Kauf und Aufbewahrung von Spirulina

Da Spirulina wie beschrieben dazu neigt, Gifte aufzunehmen, sollten Sie beim Kauf darauf achten, nur Bio-Spirulina von höchster Qualität zu erwerben.

Spirulina ist als Pulver, als Presslinge sowie in Tabletten- und Kapselform erhältlich (siehe „Bezugsquellen", Seite 198 ff.). Und wie sieht es mit der Dosierung aus? Der Direktor der größten Spirulina-Farm der Welt erläutert dazu: „In der Regel nehmen Japaner als Teil des ganz normalen Programms zur langfristigen Erhaltung ihrer Gesundheit täglich 4 Gramm davon zu sich (das entspricht acht 500-mg-Tabletten) – und viele sogar mehr."

Größere Mengen Spirulina sind ungefährlich, aber wie bei jeder neuen Ergänzung zum Speiseplan empfiehlt es sich auch hier, zunächst mit der empfohlenen Mindestdosis zu beginnen und sie dann langsam zu steigern.

Spirulina in jeder im Handel erhältlichen Form sollte stets kühl, trocken und dunkel gelagert werden. Die Algen bleiben nach dem Öffnen der Packung bis zu sechs Monate lang frisch. Besser ist es jedoch, sie innerhalb von drei Monaten zu verbrauchen, um möglichst großen Nutzen aus ihrer gesunden Powerkraft zu ziehen.

✦SCHARFER SPIRULINA-SAFT✦

In der Schale von rohen Äpfeln ist der lösliche Ballaststoff Pektin enthalten. Beim Herstellen von frischem Apfelsaft gelangt ein Teil dieses verdauungsfördernden Nährstoffs in den Saft und sorgt für eine regelmäßige Verdauung. Äpfel enthalten außerdem „gute" Bakterien. Diese Mikroorganismen unterstützen die Zellerneuerung im Darm. Das ist eine gute Nachricht für Sie, denn ein gesunder Darm ist gleichbedeutend mit einem gesunden Körper. Auch die scharf-würzige Ingwerwurzel, die Sie mit ihrer intensiven Note überrascht, unterstützt Ihre Darmgesundheit und wirkt Entzündungen im Körper entgegen. Und die Petersilie peppt nicht nur den Geschmack dieses nährenden Tonikums auf, sie ist auch reich an Vitamin K, das für unsere Knochen so wichtig ist.

Zubereitungszeit: 5 Minuten

Geräte: Entsafter

Ergibt: etwa ½ Liter Saft

Zutaten:

1 große Handvoll Spinat

1 kleine Handvoll Petersilie

etwa 1 cm frische Ingwerwurzel, geschält

3 mittelgroße säuerliche Äpfel (z. B. die Sorte Gala), halbiert und entkernt

½ TL Spirulina-Pulver in Bio-Qualität

Zubereitung:

Spinat, Petersilie, Ingwer und Äpfel in dieser Reihenfolge in den Entsafter geben.

In ein großes Glas oder einen Krug gießen und Spirulina unterrühren. Genießen Sie diesen scharfen Power-Saft sofort in kleinen Schlucken.

✦SALSA-VERDE-SMOOTHIE✦

Manchmal ist es schön, sich einen nicht so süßen Drink zu gönnen. Ich trinke diesen Smoothie fast jeden Tag und fühle mich danach immer wohlig genährt und zufrieden. Salatgurke kühlt den Körper ab und enthält viel Zink - einen Mineralstoff, der unsere Haut strahlen lässt. Avocado verleiht dem Smoothie die dicke, cremige Konsistenz und liefert hungerstillende Ballaststoffe. Frische Korianderblätter bringen köstliche Würze in den Drink, die perfekt mit dem basisch wirkenden und immunstimulierenden Limettensaft harmoniert. Eine gute Menge Spinat deckt Ihren täglichen Kalziumbedarf ab und das Spirulina-Pulver rundet die gesunde Vielfalt dieses grünen Smoothies durch seine Proteine ab.

Zubereitungszeit: 5 Minuten

Geräte: Mixer

Ergibt: etwa ½ Liter Smoothie

Zutaten:

2 große Handvoll Spinat

¼ mittelgroße Avocado, geschält und entkernt

½ mittelgroße Salatgurke, von den Enden befreit und gehackt

2 Stangen Sellerie, von den Enden befreit und gehackt

1 kleine Handvoll frische Koriander-blätter

½ TL Spirulina-Pulver in Bio-Qualität

½ Limette, frisch gepresst

1 Prise Meersalz

360 ml gefiltertes Wasser

Zubereitung:

Alle Zutaten in den Mixer geben und auf höchster Stufe 20 Sekunden pürieren.

Genießen Sie diesen Power-Drink sofort Schluck für Schluck.

+APFEL-ORANGEN-MUNTERMACHER+

Gönnen Sie sich diesen süßen, spritzigen Apfel-Orangen-Saft am Morgen und starten Sie mit natürlichem Zucker, der Sie mit Energie versorgt, sowie einer Portion Proteine in den Tag, die Ihr Körper mühelos aufnehmen kann. Diese Saftmischung ist schnell und einfach zubereitet, erfrischend und reich an Vitaminen sowie Mineralstoffen.

Zubereitungszeit: 5 Minuten

Geräte: Entsafter

Ergibt: etwa ½ Liter Saft

Zutaten:

2 Orangen, geschält (mit der weißen Haut)
1 mittelgroßer säuerlicher Apfel (z. B. die Sorte Fuji), halbiert und entkernt
½ TL Spirulina-Pulver in Bio-Qualität

Zubereitung:

Die Orangen und die Äpfel in den Entsafter geben.

Dann den Saft in ein großes Glas oder in einen Krug füllen und Spirulina unterrühren.

Genießen Sie diesen Muntermacher sofort in kleinen Schlucken.

✦CREMIGER BEEREN-SMOOTHIE✦

Stellen Sie sich einfach einen Nachtisch mit Beeren und Sahne vor und schon wissen Sie, worum es bei diesem traumhaft leckeren Smoothie geht. Die Süße stammt ausschließlich von dem natürlichen Zucker in den antioxidantienreichen Beeren und dem feuchtigkeitsspendenden Kokoswasser. Sie können diese Köstlichkeit also wirklich ohne Gewissensbisse genießen! Der Beeren-Smoothie ist so cremig, dass er wunderbar wohlige Gefühle weckt. Zudem versorgt er Sie mit einem absolut ausgewogenen Verhältnis an Ballaststoffen, Eiweiß, gesunden Fetten und Kohlenhydraten. Jeder Schluck wird Ihnen neue Energie verleihen und Sie bis in die Zehenspitzen nähren.

Zubereitungszeit: 5 Minuten

Geräte: Mixer

Ergibt: etwa ½ Liter Smoothie

Zutaten:

80 g tiefgefrorene gemischte Beeren
½ TL Spirulina-Pulver in Bio-Qualität
¼ mittelgroße Avocado, geschält und entkernt
1 EL Kokosraspel in Bio-Qualität, ungesüßt
360 ml Kokoswasser

Zubereitung:

Alle Zutaten in den Mixer geben und auf höchster Stufe 20 Sekunden lang pürieren.

Genießen Sie diesen köstlichen Power-Smoothie sofort in kleinen Schlucken.

✦WÄRMENDER SPIRULINA-INGWER-SMOOTHIE✦

Schützen Sie sich vor den Krankheiten der kalten Jahreszeit mit einer harmonischen, scharf-süßen Geschmackskombination. Ballaststoffreiche Avocado und kaliumreiche Bananen sind die cremige Grundlage dieses Smoothies und helfen Ihnen, sich lang gesättigt und gut genährt zu fühlen. Spirulina fördert die Entgiftung Ihres Bluts. Wärmende Gewürze wie Zimt, Cayennepfeffer und Ingwer bringen Ihr Immunsystem in Schwung und regen Ihren Stoffwechsel an. Eine Megadosis Vitamin C wird aus der pürierten Orange freigesetzt und hüllt Ihren Körper in der kalten Jahreszeit ein.

Zubereitungszeit: 5 Minuten

Geräte: Mixer

Ergibt: etwa ½ Liter Smoothie

Zutaten:

¼ mittelgroße Avocado, geschält und entkernt

1 kleine Banane

1 große Navelorange, geschält und in Spalten zerteilt

½ TL Spirulina-Pulver in Bio-Qualität

¼ TL gemahlener Zimt

⅛ TL gemahlener Cayennepfeffer

etwa 1 cm frische Ingwerwurzel, geschält

360 ml Kokosmilch

Zubereitung:

Alle Zutaten in den Mixer geben und auf höchster Stufe 20 Sekunden lang pürieren.

Genießen Sie diesen Erkältungsschutz-Power-Drink sofort Schluck für Schluck.

KAPITEL 14

CHLORELLA

DIE VITALITÄTSPFLANZE

REZEPTE

Lila Seemonster mit Chlorella
Minz-Apfel-Kuss
Kokos-Kick-Smoothie
Mate-Verführer
Grüner Sunburst-Smoothie

Das Leben ist heutzutage hektisch. Wir rennen von einem Termin zum nächsten, arbeiten bis spät in die Nacht, bringen die Kids zu ihren Aktivitäten und fahren ständig hin und her. All das laugt uns aus und macht uns schlapp. Auch zu viel Stress kann unsere Zellen schädigen und uns krank machen - manchmal sogar chronisch. Um Ihren Körper vor dem Zusammenbruch zu bewahren, müssen Sie ihn schützen und etwas für ihn tun! Und das Dilemma besteht darin, dass Sie Ihre Arbeit möglicherweise nicht einfach liegen lassen können, die Kinder müssen versorgt werden u.s.w. Manchmal können Sie einfach nur das essen, was Sie gerade zur Hand haben.

Nehmen wir also an, Sie können nicht einfach so aussteigen und die Tretmühle des Alltags hinter sich lassen, dann lautet, wie Sie mir sicherlich zustimmen werden, die Frage aller Fragen: „Was kann ich tun?" Es gibt eine magische, nussig schmeckende gepresste Tablette, die stressreduzierend auf unseren Körper wirkt. Sie stärkt unsere Zellen und wehrt krankmachende freie Radikale ab. Diese Wunderpille hat die Größe einer Erbse und ist genauso knallgrün. Sie unterstützt Ihre Gesundheit mit einer Fülle von vitalisierenden Eigenschaften. Die Rede ist von Chlorella.

EINE SUPERALGE MIT UNSCHLAGBARER BINDUNGSFÄHIGKEIT

Chlorella ist der Schlüssel zur Langlebigkeit, für eine ausgewogene Ernährung und Entgiftung. Sie verfügt über eine Vielzahl von heilungsfördernden Eigenschaften. Diese einzellige Grünalge ist klein und unscheinbar, steckt aber voller lebendiger Kraft. Chlorella-Tabletten bieten Ihnen eine besonders praktische Möglichkeit, Ihr Superfood ganz einfach mitzunehmen, wo auch immer Ihr geschäftiges Leben Sie gerade hinführt.

Chlorella besitzt die unschlagbare Fähigkeit, sich mit gesundheitsschädigenden Schwermetallen und Giftstoffen wie Pestiziden, krebserregenden Substanzen und radioaktivem Material zu verbinden und diese zu neutralisieren. Durch diese Bindungsfähigkeit können Toxine sicher aus Ihrem Körper ausgeschieden und Erkrankungen vermieden werden.

Bereits seit Jahrzehnten wird die Superalge in ganz Asien zu diesem Zweck genutzt. Insbesondere Japaner schätzen Chlorella wegen ihrer entgiftenden Eigenschaften und ihrer Fähigkeit, Alkohol zu binden und

wirksam aus der Leber auszuscheiden. Sie bestätigen auch die hohe Wirksamkeit von Chlorella zur sicheren Entfernung von Schwermetallen wie Cadmium und Quecksilber und bestimmter Pestizide sowie Herbizide aus unserem Gewebe und Darm.

Der klinische Ernährungswissenschaftler Dr. Bernard Jensen erklärt dazu in seinem Buch *Chlorella: Jewel of the Far East*: „Ich habe den Eindruck, dass der Hauptbeitrag von Chlorella darin besteht, das natürliche Abwehrsystem unseres Körpers und damit viele unserer Organe und Körpersysteme zu unterstützen. Dies gilt insbesondere für unser Immun- und unser Ausscheidungssystem. Die kräftige Zellulosehülle von Chlorella (die nicht verdaut wird) bindet sich an Cadmium, Blei und andere Schwermetalle und schleust sie auf diese Weise aus dem Körper."

CHLORELLA – EIN KRAFTVOLLER IMMUNSTIMULATOR

Dank ihrer Fähigkeit, unsere Darmgesundheit zu unterstützen, ist Chlorella auch ein äußerst effektiver Immunstimulator. Denn unser Immunsystem wird zu 90 Prozent vom Darm aus gesteuert. Eine gesunde Magen-Darm-Funktion ist also gleichbedeutend mit einer starken Immunabwehr. Chlorella fördert das Wachstum von *Lactobacillus*, den hochwirksamen Milchsäurebakterien, die eine gesunde Darmfunktion im Dickdarm (Kolon) unterstützen.

Der Name des grünen Superstars Chlorella ist natürlich von „Chlorophyll" abgeleitet, da es mehr von diesem von der Sonnenenergie abhängigen Molekül enthält als jede andere Pflanze auf der Welt. Darüber hinaus haben Wissenschaftler Ähnlichkeiten zwischen Chlorophyll und der molekularen Struktur von Hämoglobin (eisenhaltiger roter Blutfarbstoff) entdeckt. Es ist also die Struktur und Funktion von Chlorophyll, durch die Chlorella dazu beiträgt, unser Blut zu verbessern und die Heilung von Krankheiten zu unterstützen.

Der Wissenschaftler David Steenblock hat in seinem Buch: *Chlorella. Natural Medicinal Algae* auf eine Studie hingewiesen, die am *Kyushu University Medical College* in Japan zur wundheilenden Wirkung von Chlorella durchgeführt wurde. Eine Gruppe von Patienten mit unterschiedlichen Krankheitsbildern

hatte trotz Einnahme von konventionellen Arzneimitteln (einschließlich Antibiotika) Probleme mit der Wundheilung. Sie bekamen daraufhin Chlorella verabreicht, was bei drei Patienten zu einer Wundheilung innerhalb von weniger als drei Monaten führte.

WINZIGE PROTEIN-KRAFTPAKETE

Viele andere Eiweißquellen enthalten Aminosäuren in langkettiger Form, die im Magen durch Enzyme und die Magensäure erst aufgespalten werden müssen, bevor sie assimiliert werden können. Das macht Chlorella zu einem magischen Juwel unserer Nahrung!

Kauf und Aufbewahrung von Chlorella

Die Chlorella-Alge besteht zu etwa 60 Prozent aus leicht resorbierbarem Eiweiß. Mit erstaunlichen 15 Gramm pro Esslöffel Chlorella-Pulver enthält sie davon mehr als die meisten pflanzlichen Proteinpulver! Die Aminosäuren in Chlorella sind nicht langkettig, sondern bestehen bereits aus kleineren, leichter verdaulichen Ketten. Sie machen das Eiweiß dieser Alge so leicht resorbierbar.

Achten Sie beim Kauf von Chlorella unbedingt darauf, dass Sie ein von Umweltgiften unbelastetes Produkt erwerben. Im Handel ist Chlorella als Nahrungsergänzungsmittel in Form von Pulver, Presslingen oder Tabletten erhältlich (siehe „Bezugsquellen", Seite 198 ff.). Diese grüne Supernahrung ist sehr lang haltbar. Ihre Vitalstoffe sind bis zu acht Jahren wirksam! Bewahren Sie Chlorella zur optimalen Frischhaltung kühl, trocken und dunkel auf (z. B. im Küchenschrank oder in Ihrer Vorratskammer). Die meisten Hersteller empfehlen, mit einer kleinen Dosis anzufangen und diese dann langsam zu steigern, damit sich der Körper daran gewöhnen kann. Beginnen können Sie also mit 3 Gramm pro Tag und die Dosis dann schrittweise auf 6 Gramm erhöhen.

✦LILA SEEMONSTER MIT CHLORELLA✦

Machen Sie sich auf einen wahren Hochgenuss gefasst! Wenn Sie diesen beerigen Monster-Smoothie mit Acai- und Heidelbeeren probieren, werden Ihre Geschmackspapillen mit Sicherheit in Jubelschreie ausbrechen. Diese beiden Früchte enthalten jede Menge Antioxidantien und bereichern so die unglaublich gesunde Kraft von Chlorella. Der köstliche Superfood-Mix kurbelt Ihr Immunsystem an und fängt freie Radikale ein. Kokosöl stimuliert den Stoffwechsel und hilft Ihnen beim Abnehmen. Seine mittelkettigen Fettsäuren wirken antibakteriell, antimykotisch und antiviral und können so Infektionen und Krankheiten vorbeugen. Das erfrischend süße Kokoswasser ist reich an Elektrolyten und gleicht Ihren Mineralstoffhaushalt aus. Darin unterstützen Ihren Körper auch die Bananen mit ihrem hohen Kaliumgehalt.

Zubereitungszeit: 5 Minuten

Geräte: Mixer

Ergibt: etwa ½ Liter Smoothie

Zutaten:

80 g Heidelbeeren

1 mittelgroße Banane

2 TL Kokosöl in Rohkostqualität

2 TL Chlorella-Pulver in Bio-Qualität

1 EL Acai-Beeren-Pulver in Bio-Qualität oder 60 g tiefgefrorene, pürierte Acai-Beeren

½ l Kokoswasser

Zubereitung:

Alle Zutaten in den Mixer geben und bei hoher Geschwindigkeit 20 Sekunden lang pürieren oder bis der Smoothie eine homogene, cremige Konsistenz hat.

Genießen Sie diesen Power-Drink sofort Schluck für Schluck.

✦MINZ-APFEL-KUSS✦

Genießen Sie diese erfrischende, säuerliche Saftmischung, die Ihren Körper von krankmachenden Schlacken und Giftstoffen befreit. Grüner Apfel, Chlorella und Minze haben toxinbindende Eigenschaften und begünstigen die reibungslose Ausscheidung von Giftstoffen. Ihre Geschmacksnoten harmonieren gut miteinander und machen diesen Saftmix zu einem köstlich erfrischenden Erlebnis. Die fruchtig-herbe Welle des knackigen Apfels überrascht Ihren Gaumen, gefolgt von dem nussigen Hauch der Chlorella-Alge, und zum krönenden Abschluss erwartet Sie ein Kuss von kühlender Minze. Die Salatgurken verleihen dem Ganzen ein frisches Sommerfeeling und enthalten zudem viel Zink – ein wirksamer Mineralstoff zum Ausgleich Ihres Hormonhaushalts.

Zubereitungszeit: 5 Minuten

Geräte: Entsafter

Ergibt: etwa ½ Liter Saft

Zutaten:

1 große Handvoll Minzblätter

4 Stangen Sellerie, von den Enden befreit

1 mittelgroße Salatgurke, von den Enden befreit

2 grüne Äpfel, geviertelt und entkernt

1 TL Chlorella-Pulver in Bio-Qualität

Zubereitung:

Minze, Sellerie, Salatgurke und Äpfel in dieser Reihenfolge in den Entsafter geben.

Den Saft in ein großes Glas oder einen Krug füllen und Chlorella unterrühren. Genießen Sie diesen Power-Saft sofort Schluck für Schluck.

✦KOKOS-KICK-SMOOTHIE✦

In diesem himmlisch leckeren Smoothie verbinden sich die nussigen Geschmacksnoten von Kokosnuss und Chlorella perfekt zu einem cremigen Genuss. Pfeffrig-scharfer Ingwer, pikanter Cayennepfeffer und süße Datteln peppen den Drink mit einer unvergleichlichen Geschmacksexplosion auf. Ingwer ist ein ausgezeichneter Entzündungshemmer und die Verwendung von Kokosraspeln und Kokosmilch liefert eine gesunde Dosis an hochwertigen gesättigten Fettsäuren, die Ihren Hunger für Stunden besänftigt.

Zubereitungszeit: 5 Minuten

Geräte: Mixer

Ergibt: etwa ½ Liter Smoothie

Zutaten:

1 Handvoll Spinat

2 große Grünkohlblätter, von den Rippen befreit und gehackt

1 EL Kokosraspel in Bio-Qualität, ungesüßt

360 ml Kokosmilch light

4 Medjoul-Datteln, entkernt

2 TL Chlorella-Pulver in Bio-Qualität

1 TL frische Ingwerwurzel, geschält und gerieben

⅛ TL Cayennepfeffer

Zubereitung:

Alle Zutaten in den Mixer geben und bei hoher Geschwindigkeit 20 Sekunden lang pürieren oder bis der Smoothie ein homogene, cremige Konsistenz hat.

Genießen Sie diesen Power-Drink sofort in kleinen Schlucken.

✦MATE-VERFÜHRER✦

Den an Antioxidantien reichen Mate-Tee genieße ich am liebsten in einem Smoothie. Dieser südamerikanische Tee enthält 90 Prozent mehr Antioxidantien als alle anderen grünen Teesorten und obwohl er etwa 80 Milligramm Koffein pro Tasse oder Glas enthält, wird die anregende Wirkung des Koffeins durch die vielfachen gesundheitsfördernden Eigenschaften des Mate-Tees abgemildert. Kokosmilch macht diesen Smoothie verführerisch cremig und lecker. Und der natürliche Geschmack von verdauungsfördernden Yacónwurzeln und eisenhaltigen Datteln verleihen ihm eine köstlich süße Note.

Zubereitungszeit: 5 Minuten

Geräte: Mixer

Ergibt: etwa ½ Liter Smoothie

Zutaten:

360 ml frisch aufgebrühter und
    abgekühlter Bio-Mate-Tee
1 TL Chlorella-Pulver in Bio-Qualität
120 ml Kokosmilch
2 Medjoul-Datteln, entkernt
1 EL Yacónsirup in Rohkostqualität
½ TL naturreiner Vanilleextrakt

Zubereitung:

Alle Zutaten in den Mixer geben und bei hoher Geschwindigkeit 20 Sekunden lang pürieren oder bis der Smoothie eine homogene, cremige Konsistenz hat.

Genießen Sie diesen anregenden Smoothie sofort Schluck für Schluck

+GRÜNER SUNBURST-SMOOTHIE+

Dieser grüne Smoothie ist der perfekte Muntermacher am Nachmittag! Die überraschend süßen Sonnenblumensprossen runden den hohen Zucker-gehalt von Birne und Banane harmonisch ab. Beide Früchte verschmelzen perfekt mit der nussigen Geschmacksnote von Chlorella und den Sonnen-blumenkernen, die pur oder als Keimlinge jede Menge Zink enthalten, das die Pigmentierung Ihrer Haut aufhellt und sie elastischer macht. Mit einem Eiweißgehalt von 25 Prozent sorgen Sonnenblumensprossen für einen gesunden Proteinschub und erhöhen zusammen mit dem Eiweißgehalt von Chlorella die Makronährstoffdichte dieses Smoothies, mit dem Sie auch eine Mahlzeit ersetzen können.

Zubereitungszeit: 5 Minuten

Geräte: Mixer

Ergibt: etwa ½ Liter Smoothie

Zutaten:

½ Salatgurke, von den Enden befreit und gehackt

1 große Anjou-Birne, in Stücke geschnitten und entkernt

¼ mittelgroße Banane

2 Stangen Sellerie, von den Enden befreit und gehackt

1 Handvoll Spinat

1 EL Sonnenblumenkerne

1 kleine Handvoll Sonnenblumen-sprossen

1½ TL Chlorella-Pulver in Bio-Qualität

240 ml gefiltertes Wasser

Zubereitung:

Alle Zutaten in den Mixer geben und bei hoher Geschwindigkeit 20 Sekunden lang pürieren oder bis der Smoothie schön cremig ist.

Genießen Sie diesen Power-Drink sofort in kleinen Schlucken.

KAPITEL 15

WEIZENGRAS

DER ANTIOXIDATIVE STRESSKILLER

REZEPTE
Süßer Weizengrassaft
Latin-Lover-Saft
Karottenspitzen-Saft
Spritziger Kiwi-Weizengras-Saft
Mango-Grashüpfer-Smoothie

Weizengras ist das junge, nährstoffreiche Gras der Weizenpflanze (*Triticum aestivum*). Es entsteht beim Keimen von Weizenkörnern, ist roh ungenießbar und nur als Saft oder gefriergetrocknetes Pulver verwendbar. Manche schwören auf dieses Superfood und behaupten, dass der Genuss von Weizengras über einen längeren Zeitraum eine spürbare Wirkung zeige: Sie verspüren mehr Energie, haben eine bessere Immunabwehr und das Gefühl, von innen heraus zu strahlen. Was also macht dieses beliebte grüne Supernahrungsmittel so verlockend, obwohl man ihm nachsagt, dass es scheußlich schmeckt?

WEIZENGRAS NEUTRALISIERT OXIDATIVEN STRESS

Der Hauptgrund dafür ist seine neutralisierende Wirkung auf oxidativen Stress. Wie bereits erwähnt, wird oxidativer Stress durch eine stark säurelastige Ernährung, durch anhaltenden Stress sowie Sorgen, den Konsum von Tabak und diversen pharmazeutischen Produkten sowie durch die Auswirkungen von Umweltgiften erzeugt und stellt eine Belastung für unsere Zellen und unser Gewebe dar. Da wir diesen stresserzeugenden Ursachen jedoch mitunter permanent ausgesetzt sind, wird der Säuregehalt in unserem Körper erhöht, was wiederum unseren Säure-Basen-Haushalt

aus dem Gleichgewicht bringt. Wenn das geschieht, sind wir in erhöhtem Maße krankheitsanfällig. Doch warum ist das so?

Bakterien, Hefepilze und Viren gedeihen in einer sauren Umgebung bestens. Und umgekehrt können sie in einem basischen Milieu nicht überleben. Dank seiner nährstoffreichen Zusammensetzung trägt Weizengras dazu bei, das basische Milieu zu verstärken, und verringert dadurch den oxidativen Stress, was wiederum unser Krankheitsrisiko reduziert. In einem 1995 im *Journal of the National Cancer Institute* erschienenen Artikel wurde Folgendes berichtet: „Wenn man Labortiere mit Chlorophyll füttert, wird im Anschluss daran die Aufnahme von drei Karzinogenen in der Nahrung vermindert: Es handelt sich dabei um Karzinogene aus gekochtem Fleisch, aus geräucherten und gegrillten

Kauf und Aufbewahrung von Weizengras

Häufig stammt Weizengras, das z. B. in Smoothie- und Saftbars angeboten wird, nicht aus ökologischem Anbau, sondern ist auf nährstoff- und mineralstoffarmen Böden gewachsen und hat aus diesem Grund nicht die gewünschte tonisierende Wirkung. Achten Sie daher unbedingt darauf, dass das Weizengras, das Sie zu sich nehmen, aus 100 Prozent biologischem Anbau und am besten aus Ihrer Region stammt.

Weizengras entfaltet die beste Wirkung, wenn es innerhalb von 7 Tagen nach dem Sprießen geerntet wird. Leider können Sie nicht wissen, wie lang es schon in der Saftbar gestanden hat, oder wie lang es schon unterwegs war, bis es am Zielort ankam. Am sichersten ist es also, wenn Sie Ihr Weizengras selbst zu Hause ziehen und entsaften. Stattdessen können Sie es auch als tiefgefrorenen Weizengrassaft oder gefriergetrocknetes Pulver kaufen (siehe „Bezugsquellen", Seite 198 ff.). Wenn Sie sich für die Pulverform entscheiden, sollten Sie nur Produkte kaufen, bei denen auf der Verpackung unmissverständlich angegeben ist, dass die Pflanzen als zarte Sprossen und somit auf der Höhe ihrer Nährkraft geerntet wurden. Stellen Sie sicher, dass der Hersteller den Saft durch Kaltpressung mit langsam drehenden Presskolben hergestellt und ihn dann bei ganz niedrigen Temperaturen (nicht mehr als 1,5 °C) getrocknet hat. So kann die volle Kraft seiner wertvollen Enzyme erhalten bleiben. Weizengras-Pulver sollte im Kühlschrank aufbewahrt und nach dem Öffnen der Packung innerhalb eines Monats verarbeitet werden.

Lebensmitteln sowie aus dem in verschiedenen Getreidesorten und Erdnüssen enthaltenen Schimmel." Bis heute wurden dazu leider noch keine Humanstudien durchgeführt.

TONISIERENDE POWER FÜR SCHÖNHEIT UND MEHR ENERGIE

Neben seiner hohen Chlorophyll-Konzentration enthält Weizengras alle Vitamine der B-Gruppe sowie die Vitamine A, C, E und K. Zudem enthält es viel Kalzium, Magnesium, Eisen und Zink. Von den rund dreihundert Körperfunktionen, die Magnesium unterstützt, fördert es insbesondere einen erholsamen Schlaf, die Muskel- und Gewebeerneuerung sowie eine gesunde Darmfunktion. Zink reguliert den Hormonhaushalt und lindert Hautentzündungen sowie Akne. Vitamin A ist die Schönheitskur für unseren Körper. Es reinigt die Haut, macht unsere Augen strahlender und stärkt Haare sowie Nägel. Kalzium, Vitamin K und Magnesium fördern die Knochenerneuerung und struktur. B-Vitamine wirken beruhigend auf das Nervensystem und spielen eine entscheidende Rolle bei der Fett-, Kohlenhydrat- und Eiweißsynthese. Sie spenden neue Energie und regulieren das Hormonsystem und die Stoffwechselfunktion. Nicht zuletzt kurbelt Vitamin C unser Immunsystem an und fördert die Gesundheit von Gewebe und Muskeln. Wenn Weizengras Sie also mit all diesen Nährstoffen versorgen kann, lohnt es sich doch wirklich, es in Ihren Speiseplan aufzunehmen. Meinen Sie nicht auch?

✦SÜSSER WEIZENGRASSAFT✦

Saftige Birnen, kühlende Salatgurken und frischer Romanasalat machen diesen Saft süß und nehmen ihm den grasigen Geschmack, der reinem Weizengrassaft oft nachgesagt wird. Und Birnen schmecken nicht nur himmlisch gut, sondern haben zudem einen sehr hohen Anteil an Flavonoiden, die reich an Antioxidantien sind. Diese Pflanzennährstoffe schützen Sie vor Krankheiten und haben hervorragende Anti-Aging-Eigenschaften. Salatgurken enthalten große Mengen an pflanzlichem Zink, das der Haut und dem Gewebe sehr guttut. Darüber hinaus sind sie ein natürliches Entwässerungsmittel (Diuretikum) und helfen so, unseren Körper von Giftstoffen zu befreien. Romanasalat ist reich an Folat, das uns Energie spendet und Stimmungsschwankungen ausgleicht. Und Spinat enthält mit Magnesium, Kalzium und Vitamin K essenzielle Nährstoffe, die unsere Gesundheit und unsere Knochen stärken. Dieser Saft ist einfach super!

Zubereitungszeit: 10 Minuten

Geräte: Entsafter

Ergibt: etwa ½ Liter Saft

Zutaten:

2 große Handvoll Spinat

4 große Blätter vom Romanasalat

1 Salatgurke, von den Enden befreit

2 mittelgroße Birnen, halbiert und entkernt

½ TL Weizengras-Pulver in Bio-Qualität

Zubereitung:

Spinat, Romanasalat, Salatgurke und Birnen in dieser Reihenfolge in den Entsafter geben.

Den Saft in ein hohes Glas füllen und das Weizengras-Pulver unterrühren. Genießen Sie den gesunden Power-Drink Schluck für Schluck.

✦LATIN-LOVER-SAFT✦

Latin Lover ist einer der besten unter den grünen Säften. Er ist nicht so süß und schmeckt erfrischend herzhaft nach gehaltvollen Spritzern von Limette und Gewürzen. Eine Prise Meersalz rundet seinen Geschmack ab und erinnert an grünen Gazpacho. Die Vielfalt an Nährstoffen in dieser Mischung ist einfach unübertroffen. Und wenn Sie gern auch mal einen Saft ohne Früchte trinken, können Sie diesen vielleicht mehrmals in der Woche in Ihren Speiseplan aufnehmen. Grünkohl enthält viel Schwefel, der neben all seinen anderen Vorzügen auch Gifte und krebserregende Substanzen aus dem Körper ausschwemmt, die Muskelerneuerung fördert, den Kreislauf in Schwung bringt und die Vermehrung von hilfreichen Darmbakterien unterstützt. Das südamerikanische Temperament des Jalapeño kurbelt ebenfalls den Kreislauf an, senkt den Blutdruck und erhöht den Stoffwechselumsatz. Petersilie enthält kraftvolle Antioxidantien, die den oxidativen Stress auf die Zellen vermindern. Und Limette hat antibakterielle Eigenschaften, die Ihre Widerstandskraft gegen Infektionen stärkt. Das ist wahrhaft ein Power-Drink mit Heilkraft!

Zubereitungszeit: 10 Minuten

Geräte: Entsafter

Ergibt: etwa ½ Liter Saft

Zutaten:

½ mittelgroße Jalapeño-Schote, mit oder ohne Kerne (je nach Schärfe)

3 große Handvoll Spinat

1 große Handvoll Petersilie

2 mittelgroße Limetten, geschält (mit der weißen Haut)

4 große Grünkohlblätter, gehackt

1 Bund Romanasalat

1 mittelgroße Salatgurke

2 Eiswürfel tiefgefrorener Weizengrassaft

1 Prise Meersalz

Zubereitung:

Jalapeño, Spinat, Petersilie, Limette, Grünkohl, Romanasalat und Salatgurke in dieser Reihenfolge in den Entsafter geben.

Den Saft in ein dekoratives Glas füllen, die Weizengrassaft-Eiswürfel dazugeben und in dem Saft auflösen. Dann das Meersalz hineinstreuen und schon können Sie diesen köstlichen grünen Power-Drink genießen.

✦KAROTTENSPITZEN-SAFT✦

Falls Sie bisher bei Weizengrassaft die Nase gerümpft haben, sollten Sie ihm noch eine Chance geben. Diese süße und spritzige Mischung macht Sie bestimmt zu einem Weizengras-Fan! Der zuckersüße Karottengeschmack zähmt den grasigen Geschmack, den Weizengras zugegebenermaßen einfach hat, und verjüngt Ihren Körper durch eine kräftige Dosis Vitamin A. Die leckere rosa Grapefruit und die Zitrone verleihen dem Ganzen einen spritzigen sauren Touch und machen das herbe Weizengrasaroma um Klassen besser. Und ganz nebenbei liefern sie auch noch eine ordentliche Portion Vitamin C, die Ihr Immunsystem stärkt und Ihre Muskeln und Ihr Gewebe auf Vordermann bringt. Die frische Ingwerwurzel sorgt für scharfen Pep, ist gut für Ihren Darm und lindert Entzündungen.

Zubereitungszeit: 10 Minuten

Geräte: Entsafter

Ergibt: etwa ½ Liter Saft

Zutaten:

- etwa 1 cm frische Ingwerwurzel, geschält
- 1 mittelgroße Zitrone, geschält (mit der weißen Haut)
- 1 große rosa Grapefruit, geschält (mit der weißen Haut) und geviertelt
- 5 große Karotten, von den Enden befreit
- 2 Eiswürfel tiefgefrorener Weizen- grassaft

Zubereitung:

Ingwer, Zitrone, Grapefruit und Karotten in dieser Reihenfolge in den Entsafter geben.

Den Saft in ein Glas füllen, die Weizengrassaft-Eiswürfel dazugeben und in dem Saft auflösen. Umrühren – fertig zum Genuss!

+SPRITZIGER KIWI-WEIZENGRAS-SAFT+

Die Kiwi hat von Natur aus einen ausgewogenen süß-säuerlichen Geschmack. Sie ist eine ausgesprochen leckere Frucht und sollte wegen ihrer gesundheitsfördernden Eigenschaften eigentlich viel mehr Aufmerksamkeit erhalten. Kiwis enthalten Actinidain, ein den Eiweißabbau förderndes Enzym, das Ihre Verdauung unterstützt. Außerdem enthalten sie viel Kalium, das Ihren Elektrolythaushalt ausgleicht, und jede Menge Vitamin C, das Ihr Immunsystem stärkt und den Hautalterungsprozess verlangsamt. Die Geschmackskombination von süßen, fruchtig-herben Kiwis, spritzigem Zitronensaft und pfeffrig-scharfem Ingwer rundet den intensiven Weizengrasgeschmack in exquisiter Weise ab.

Zubereitungszeit: 10 Minuten

Geräte: Entsafter

Ergibt: etwa ½ Liter Saft

Zutaten:

etwa 1 cm frische Ingwerwurzel, geschält

1 mittelgroße Zitrone, geschält (mit der weißen Haut)

3 Kiwis, geschält

1 mittelgroße Salatgurke, von den Enden befreit

2 Eiswürfel tiefgefrorener Weizengrassaft

Zubereitung:

Ingwer, Zitrone, Kiwis und Salatgurke in dieser Reihenfolge in den Entsafter geben.

Den Saft in ein Glas füllen, die Weizengrassaft-Eiswürfel dazugeben und in dem Saft auflösen. Genießen Sie diese Kraftspritze in kleinen Schlucken!

✦MANGO-GRASHÜPFER-SMOOTHIE✦

Zum Abmildern des intensiven Geschmacks von Weizengras ist der tropische Geschmack von Ananas und Mango ein Volltreffer! Doch neben ihrer köstlichen exotischen Note enthalten sowohl Mango als auch Ananas zudem Verdauungsenzyme, die die Eiweißaufspaltung unterstützen, sodass es vom Körper besser aufgenommen und assimiliert werden kann. Der Apfel liefert viele Ballaststoffe und lässt unser Verdauungssystem zu Höchstform auflaufen. Wenn Sie also Ihrer Verdauung einen kleinen Schubs geben wollen, ist dieser Smoothie genau das Richtige für Sie!

Zubereitungszeit: 10 Minuten

Geräte: Mixer

Ergibt: etwa ½ Liter Smoothie

Zutaten:

90 g frische oder tiefgefrorene Mangos

½ TL Weizengras-Pulver in Bio-Qualität

1 große Handvoll Spinatblätter

2 große Grünkohlblätter, von den Rippen befreit

1 mittelgroßer säuerlicher Apfel (z. B. die Sorte Fuji oder Gala), geviertelt und entkernt

360 ml frischer Ananassaft

5 bis 6 Eiswürfel

Zubereitung:

Alle Zutaten in den Mixer geben und bei höchster Geschwindigkeit 20 Sekunden pürieren.

Genießen Sie diesen Power-Drink sofort und spüren Sie seine belebende Wirkung!

KAPITEL 16

AFA-ALGEN

IMMUNSTIMULIERENDE ENERGIESPRITZEN

REZEPTE

Grüner Riese

Nessies Wundermittel

Apfel-Algen-Elixier

Süßer Basilikum-Smoothie

Wassermelonen-Salsa

Aphanizomenon flos-aquae (AFA) ist eine natürlich vorkommende Wasserpflanze einer Cyanobakterien-Art. Cyanobakterien wachsen in fast allen von der Sonne beschienenen Wasseransammlungen, und Sie kennen Sie vielleicht unter ihrer geläufigeren Bezeichnung „blaugrüne Algen". Sie gehören zu den Superfoods mit den größten gesundheitlichen Vorteilen, die uns die Natur zu bieten hat. Begeisterte Anhänger dieses lebensunterstützenden Nahrungsmittels aus Süßwasserseen nennen die AFA-Alge auch „die unsichtbare Wasserblume".

Nach Aussage des *Hippocrates Health Institute* sind die einzelligen Cyanobakterien für die Erzeugung von 90 Prozent des Sauerstoffs und 80 Prozent aller Lebensmittel auf der Erde verantwortlich. Es gibt an die 1500 verschiedene Arten dieser Organismen, von

denen AFA die am meisten geschätzte ist. Die für den Verzehr geeigneten AFA-Algen werden in sauberen und unbelasteten Süßwasserseen auf der ganzen Welt erzeugt. Solche naturbelassenen, unberührten und an Nährstoffen reichen Gewässer fördern in hohem Maße den Anbau dieser unglaublich nährstoffreichen Lebensform.

STÄRKEN SIE IHR IMMUNSYSTEM MIT AFA

In einem 2000 erschienenen Artikel mit dem Titel „Die Aufnahme von *Aphanizomenon flos-aquae* hat rasche Auswirkungen auf die Zirkulation und Funktion von Immunzellen im menschlichen Organismus" untersuchten sechs Forscher der *McGill Universität* in Montreal die Auswirkungen, die der Verzehr von AFA-Algen auf das Immunsystem hat. Sie stellten bei ihrer Untersuchung fest, dass AFA-Algen zu raschen Veränderungen der Immunzellverteilung im Körper führen, jedoch die Aktivierung von Lymphozyten (weißen Blutkörperchen) nicht begünstigen. Das bedeutet, dass AFA-Algen die Immunkraft stärken, ohne eine unerwünschte Immunreaktion auszulösen.

Darüber hinaus wurde bei einer zweiten Studie, die am *Royal Victoria Hospital* in Montreal durchgeführt wurde, von einer Forschungsgruppe unter der Leitung von Dr. Gitte S. Jensen entdeckt, dass AFA-Algen weitreichende Auswirkungen auf natürliche Killerzellen haben. Sie können krebsbefallene, abgestorbene oder mit einem Virus infizierte Zellen erkennen und vernichten. Gesunde Zellen hingegen lassen sie in Ruhe.

NEUE ENERGIE TANKEN MIT AFA-ALGEN

AFA ist eine der wenigen pflanzlichen Nahrungsquellen, die ausreichende Mengen an bioverfügbarem Vitamin B_{12} erzeugen. Dieses Vitamin ist für unser Nervensystem, die Funktion der Nebennieren und die Energiezufuhr unerlässlich. Ein Vitamin-B_{12}-Mangel macht sich durch Erschöpfung, Muskelschmerzen, Nervosität, Ängstlichkeit, Benommenheit (Hirnleistungsstörungen), Durchfall und sogar Anämie (Eisenmangel) bemerkbar.

Wie viel Vitamin B_{12} braucht der Mensch eigentlich? Die in den USA empfohlene Tagesdosis beträgt 2,4 Mikrogramm. Eine Menge von 1 Gramm AFA-Algen enthält ganze 8 Mikrogramm Vitamin B_{12}, also die vierfache Menge! Glücklicherweise kann man Vitamin B_{12} nicht überdosieren, also müssen Sie sich beim Genuss der blaugrünen Alge nicht zurückhalten. Trotzdem möchte ich Sie darauf hinweisen, dass Hersteller und erfahrene Nutzer dieses Nahrungsergänzungsmittels dazu raten, langsam mit der Einnahme zu beginnen, um unerwünschte Nebenwirkungen zu vermeiden, die durch seine entgiftenden Eigenschaften auftreten könnten. Es wird deshalb empfohlen, etwa eine Woche lang zunächst 1 Teelöffel davon zu nehmen und die Menge dann langsam auf die empfohlene Tagesdosis von 1 Esslöffel zu erhöhen. Wenn Sie einen Extra-Energieschub brauchen, können Sie ruhig auch mal mehr davon nehmen. Auf jeden Fall sollten Sie tagsüber viel trinken, um die durch die natürliche Reinigungskraft der Alge freigesetzten Toxine aus dem Körper zu schwemmen.

Kauf und Aufbewahrung von AFA

AFA-Algen finden Sie in gut sortierten Naturkostläden und Bio-Supermärkten oder auch im Internet bei einer Vielzahl von Händlern in Form von Pulver, Presslingen, Tabletten oder Kapseln (siehe „Bezugsquellen", Seite 198 ff.). Achten Sie beim Kauf unbedingt darauf, 100-prozentig biologische Algen aus wildwachsenden Beständen zu erwerben, um sicherzugehen, dass Sie nur AFA-Algen von bester Qualität zu sich nehmen. Bewahren Sie AFA-Algen zur optimalen Frischhaltung kühl, trocken und dunkel auf (z. B. im Küchenschrank oder in Ihrer Vorratskammer).

✦GRÜNER RIESE✦

Suchen Sie nach dem einen Smoothie, der alle Nährstoffe enthält, die Sie brauchen? Dann haben Sie mit diesem kraftvollen und leckeren grünen Riesen genau das Richtige gefunden. Vitamin- und mineralstoffreicher Grünkohl und Spinat sind kombiniert mit der ballaststoffreichen Banane und der Enzymbombe Ananas. Dazu kommen noch die Vitamin-B$_{12}$-reichen AFA-Algen und feuchtigkeitsregulierendes Kokoswasser. Dieser vor Lebensenergie nur so strotzende Mix aus süßen und fruchtig-herben Geschmacksnuancen rückt die vielleicht allzu grüne Note von AFA in den Hintergrund. Zum täglichen Genuss empfohlen!

Zubereitungszeit: 5 Minuten

Geräte: Mixer

Ergibt: etwa ½ Liter Smoothie

Zutaten:

2 Handvoll Spinat

4 mittelgroße Grünkohlblätter, von den Rippen befreit

1 kleine Banane

½ säuerlicher Apfel (z. B. die Sorte Fuji oder Gala), geviertelt und entkernt

120 ml frischer Ananassaft

240 ml Kokoswasser

1 TL AFA-Algen-Pulver in Bio-Qualität

4 bis 5 Eiswürfel

Zubereitung:

Alle Zutaten in den Mixer geben und auf höchster Stufe 20 Sekunden pürieren.

Genießen Sie diesen Power-Riesen ganz entspannt!

✦NESSIES WUNDERMITTEL✦

Zuckersüße rote Trauben und die fruchtig-herbe rosa Grapefruit lassen uns vergessen, dass AFA-Algen manchmal ein bisschen wie sumpfiges Wasser vom Loch Ness schmecken. Zudem besitzen Trauben antibakterielle, antimykotische und antivirale Eigenschaften, sodass selbst Nessie mit ihnen keine Infektionen oder sonstige Krankheiten bekommen würde. Die Grapefruit steckt bis zum Rand voll mit Vitamin C und lässt Erkältungen keine Chance. Vitamin C verleiht uns auch eine schöne Haut voller Spannkraft und entgiftet die Leber. Und die Salatgurke steuert viel erfrischende, kühlende Feuchtigkeit bei und enthält zudem knochenstärkendes Vitamin K. Dieser erquickende Frucht-Mix mildert das AFA-Aroma angenehm ab und ist ein ausgezeichnetes Tonikum, wenn Sie regelmäßig Algen zu sich zu nehmen wollen.

Zubereitungszeit: 10 Minuten

Geräte: Entsafter

Ergibt: etwa ½ Liter Saft

Zutaten:

2 große Handvoll rote kernlose Trauben

1 mittelgroße rosa Grapefruit, geschält (mit der weißen Haut), geviertelt

5 große Blätter vom Romanasalat

1 mittelgroße Salatgurke, von den Enden befreit

1 TL AFA-Algen-Pulver in Bio-Qualität

Zubereitung:

Trauben, Grapefruit, Romanasalat und Salatgurke in dieser Reihenfolge in den Entsafter geben.

Den Saft in ein Glas füllen, die AFA-Algen unterrühren und genießen!

✦APFEL-ALGEN-ELIXIER✦

So wie Erbsen und Karotten gut zusammenpassen, sind auch Algen und Äpfel eine unglaublich harmonische Mischung. Allein schon der Geschmack dieser beiden Zutaten verschmilzt perfekt miteinander. Wenn dann aber auch noch kühlende Minze hinzukommt, wird daraus ein einfach himmlisch erfrischendes Elixier. Die Enzyme in Äpfeln sind sehr gut für die Verdauung. Es ist allseits bekannt, dass ein gesunder Darm Nährstoffe besser aufnehmen und Giftstoffe wirksamer ausscheiden kann - und Ihnen verleiht er ein starkes Immunsystem. Sellerie ist ein natürliches Entwässerungsmittel, das diese reinigende Wirkung noch verstärkt und zudem Kalium und Natrium enthält, die das Gewebe stützen. Wenn Sie diese Mischung täglich zu sich nehmen, wird Ihr Arzt Sie bestimmt bald vermissen!

Zubereitungszeit: 5 Minuten

Geräte: Entsafter

Ergibt: etwa ½ Liter Saft

Zutaten:

1 große Handvoll frische Minzblätter

4 mittelgroße Stangen Sellerie

3 mittelgroße säuerliche Äpfel
  (z. B. die Sorte Fuji oder Gala),
  halbiert und entkernt

1 TL AFA-Algen-Pulver in Bio-Qualität

Zubereitung:

Minzblätter, Sellerie und Äpfel in den Entsafter geben.

Den Saft in ein Glas füllen, die AFA-Algen unterrühren und genießen!

✦SÜSSER BASILIKUM-SMOOTHIE✦

Haben Sie jemals die unglaubliche Geschmacksmischung von Erdbeeren und Basilikum probiert? Diese ungewöhnliche Vereinigung ist einfach köstlich und reich an Antioxidantien. Erdbeeren enthalten Anthocyane, kraftvolle herzstärkende Phytonährstoffe, die Ihre LDL-Cholesterinwerte senken. Basilikum beruhigt das Nervensystem und fördert die Entgiftung der Leber. Und AFA-Algen helfen Ihnen bei der Ausscheidung von Giftstoffen. Mischen Sie diese faszinierend schmeckende Kräuter-Beeren-Kombination mit erfrischendem Kokoswasser und cremiger Avocado, und Sie werden schon beim ersten Schluck das Gefühl haben, im siebten Himmel angekommen zu sein!

Zubereitungszeit: 5 Minuten

Geräte: Mixer

Ergibt: etwa ½ Liter Smoothie

Zutaten:

8 frische oder tiefgefrorene
    Erdbeeren
1 TL AFA-Algen-Pulver in Bio-Qualität
¼ mittelgroße Avocado, geschält
    und entkernt
8 Basilikumblätter
1 Handvoll Spinat
½ l Kokoswasser

Zubereitung:

Alle Zutaten in den Mixer geben und auf höchster Stufe 20 Sekunden pürieren.

Genießen Sie diesen Power-Drink sofort in kleinen Schlucken.

✦WASSERMELONEN-SALSA✦

Ich bin ein totaler Kräuterfan und verwende sie eigentlich in fast allen Geschmacksvariationen – von süßen Nachspeisen über erfrischende Drinks bis hin zu knackigen Salaten und in vielen meiner Smoothie-Kreationen. In diesem Rezept sind zwei wunderbare Kräuter enthalten: Minze und frischer Koriander, die sich auf besonders leckere Weise mit zuckersüßer Wassermelone und fruchtig-herbem Limettensaft vermischen. Wegen der kühlenden Eigenschaften von Wassermelone und Minze wird daraus ein kraftvoll erfrischender Sommerdrink, wobei die Limette uns dabei hilft, Giftstoffe loszuwerden, die man auf den vielen Grillabenden vielleicht angesammelt hat. Kombiniert mit süßen, eisenreichen Datteln und cremiger Kokosmilch macht dieser Drink einfach jeder Fiesta Ehre!

Zubereitungszeit: 10 Minuten

Geräte: Mixer

Ergibt: etwa ½ Liter Smoothie

Zutaten:

150 g frische Wassermelone, entkernt und gehackt

3 Medjoul-Datteln, entkernt

240 ml Kokosmilch

Saft von 1 Limette, frisch ausgepresst

1 TL AFA-Algen-Pulver in Bio-Qualität

8 Minzblätter

1 EL frische Korianderblätter

Zubereitung:

Alle Zutaten in den Mixer geben und auf höchster Stufe 20 Sekunden pürieren.

Genießen Sie diesen Sommerdrink sofort Schluck für Schluck.

KAPITEL 17

MACA

DIE SUPERPFLANZE AUS PERU

REZEPTE

Herbstferien-Smoothie

Wohltuende Yamsmilch

Feuriger Maca-Mexi-Schaum

Lover-Smoothie

Zitronen-Rosmarin-Shake

Wollen Sie sich einen Energieschub holen oder Ihre Libido stärken? Oder wollen Sie Ihrem Smoothie eine malzige Note verpassen? Dann sollten Sie unbedingt einmal Maca probieren! Sie ist das einzige Nahrungsergänzungsmittel, das ihnen all das bieten kann. Maca, unter Fans auch bekannt als „natürliches Viagra" oder „Ginseng aus Peru", ist eine Pflanze, die mitten in Peru in den Hochebenen der Anden wächst und dort bereits seit mindestens 3000 Jahren angebaut wird. Man verwendet ihre Wurzel, die mit unserem scharfen Rettich verwandt und ebenfalls ein Kreuzblütler ist, doch die Maca-Knolle schmeckt ganz anders: je nach Sorte mal mehr nach Karamell oder eher nach Malz.

Die gängigsten Maca-Sorten sind gelb, schwarz und rot. Sie alle verleihen uns Energie und unterstützen die Regulierung unseres endokrinen Systems, wobei die Wirkung je nach Sorte etwas variieren kann. Wenn Sie mehr über dieses Nahrungsergänzungsmittel herausfinden und damit experimentieren wollen, sollten Sie die verschiedenen Arten einmal ausprobieren, um die unterschiedlichen Wirkungsprofile der Maca-Wurzel kennenzulernen und die Sorte herauszufinden, die am besten zu Ihnen passt.

MACA – APHRODISIAKUM UND ADAPTOGEN

Adaptogene sind Pflanzen, die stressreduzierend wirken und unsere Körperfunktionen wieder ins Lot bringen, ohne dabei irgendein System oder Organ zu bevorzugen. Sie sind ungiftig und tragen dazu bei, den ganzen Körper wieder ins Gleichgewicht zu bringen und ihn gegen Krankheiten resistenter zu machen. Wenn Ihr Körper beispielsweise ein bestimmtes Hormon überproduziert, wird das Adaptogen – in unserem Falle Maca – Ihren Körper dazu veranlassen, weniger davon zu erzeugen. Im entgegengesetzten Fall wird Maca die entsprechende Hormonproduktion ankurbeln und gleichzeitig alle anderen Systeme stabil halten, um diesen Ausreißer wieder einzufangen.

Wirklich super an Adaptogenen ist, dass man sie über längere Zeit einnehmen kann – ohne negative Auswirkungen auf die natürlichen Funktionen des Körpers. Damit können nicht alle Pflanzen glänzen! Trotzdem sollten Sie ein Nahrungsergänzungsmittel während einer längeren Einnahmezeit immer wieder an Ihre persönlichen Gegebenheiten anpassen, um einen maximalen Effekt zu erzielen, aber darauf komme ich gleich noch einmal zurück – nachdem

ich Ihnen über etwas noch viel Interessanteres berichtet habe: über die libidosteigernde Wirkung der Maca-Wurzel.

Maca wird vor allem wegen seiner positiven Wirkung auf unser sexuelles Verlangen und die Regulierung des endokrinen Systems geschätzt. Obwohl es keinerlei Hormone enthält, wirkt es kräftigend und unterstützend auf die Nebennieren und die Schilddrüse und sorgt so für eine ausgewogene Hormonproduktion, die dem Bedarf jedes Einzelnen angepasst ist. Maca wird insbesondere verwendet, um Stimmungsschwankungen auszugleichen, prämenstruelle und menopausale Symptome zu reduzieren und die sexuelle Lust anzufachen.

Frauen sind jedoch nicht die Einzigen, die von Maca profitieren. Auch bei Männern kommt es durch die Einnahme von Maca zu einer Steigerung des sexuellen Verlangens! Gary P. Gordon, der frühere Präsident des *American College for Advancement in Medicine*, teilte auf der Website www.nuturodoc.com mit, wie sehr er persönlich Maca schätzt und welche positiven Veränderungen er bei seinen Patienten dadurch festgestellt hat. Für ihn ist Maca „die Antwort der Natur auf Viagra".

FÜHLEN SIE SICH WACH UND AKTIV MIT DER MACA-WURZEL

Der Überlieferung zufolge nahmen Inka-Krieger Maca zu sich, bevor sie in den Kampf zogen, um ihre Kraft und Ausdauer zu erhöhen. Seit einiger Zeit ist Maca ein beliebtes Nahrungsergänzungsmittel. Es steigert die Energie und Ausdauer durch seine hohe Konzentration an B-Vitaminen (die als Energieverstärker und die Nährstoffe unseres Nervensystems bekannt sind) und enthält außerdem ca. 60 Prozent komplexe Kohlenhydrate. Durch seine ausgleichende Wirkung auf das endokrine und adrenale System wird Ihr Schlaf erholsamer, Sie können sich besser konzentrieren und fühlen sich energiegeladen.

WIE VIEL MACA SOLLTE MAN ZU SICH NEHMEN?

Ganzheitliche Gesundheitsberater und Hersteller von Maca-Produkten empfehlen, mit einer niedrigen Dosis von 1 Teelöffel zu beginnen und nach einer langsamen Steigerungsphase höchstens 1 Esslöffel Maca pro Tag einzunehmen. Probieren Sie das drei bis vier Tage lang

Kauf und Aufbewahrung von Maca

Achten Sie beim Kauf von Maca darauf, nur rohes Maca-Pulver in 100-prozentiger Bio-Qualität zu erwerben. Folgende Geschmacksnoten passen am besten zu Maca: Malz, der rauchige Geschmack von Chilischoten, die nussige Note von Leinsamen, Kokos, Mandeln und Hanf, das robuste Schokoladen- und Kaffee-Aroma oder die intensive Süße von Melasse, Lucuma, Leinsamen, Yacón, Datteln oder auch Banane.

Maca finden Sie bei den natürlichen Nahrungsergänzungsmitteln Ihres Naturkostladens oder Bio-Supermarkts (siehe „Bezugsquellen", Seite 198 ff.). Sie können Maca-Pulver aber auch bei vielen Online-Händlern kaufen. Maca kann man (in ungeöffnetem Zustand) bis zu sieben Jahre lang aufbewahren! Das Pulver muss nicht im Kühlschrank gelagert werden. Ein kühler, trockener Ort wie Ihre Speise- oder Vorratskammer reicht schon aus. Eine angebrochene Packung sollten Sie innerhalb des nächsten Jahres aufbrauchen.

aus und beobachten Sie, wie Sie sich dann fühlen. Wenn Sie sich auf angenehme Weise wach und wohlfühlen, können Sie bei dieser Dosierung bleiben oder nach und nach vielleicht noch etwas mehr davon einnehmen, bis Sie bei der Maximaldosis von 1 Esslöffel angekommen sind. Da Maca stark auf unser Energieniveau einwirkt, könnte sich der eine oder andere aufgedreht oder gar etwas überdreht fühlen, wenn die individuelle Dosierung zu hoch ist. Dann reduzieren Sie die Einnahme wieder auf die Hälfte. Nehmen Sie Maca am besten morgens ein, so wird Ihr Schlaf davon nicht beeinträchtigt.

Es wird empfohlen, einmal pro Woche einen Tag mit der Einnahme von Maca auszusetzen, und ebenso nach einem Monat eine Pause von einer Woche einzulegen.

+HERBSTFERIEN-SMOOTHIE+

Ziehen Sie sich etwas Bequemes an und machen Sie es sich gemütlich, denn dieser Smoothie liefert wohltuende Feriengefühle frei Haus. Er ist so eine leckere Art, Kürbispüree zu genießen, das reich an Antioxidantien und Ballaststoffen ist, und schmeckt nach den würzig warmen und cremig süßen Geschmacksnoten von Kürbisauflauf, aber ohne all die anderen beschwerenden Zutaten. Kokosbutter verleiht dem Ganzen eine komplexere, nussige Note und kurbelt mit einer Unmenge von mittelkettigen Fettsäuren Ihren Stoffwechsel an. Und der Hauch von Exotik, den Nelke und Zimt beisteuern, wirkt von innen wärmend und bringt gleichzeitig Ihren Kreislauf auf natürliche Weise in Schwung.

Zubereitungszeit: 5 Minuten

Geräte: Mixer

Ergibt: etwa ½ Liter Smoothie

Zutaten:

340 g Kürbispüree (aus fein geriebenen Hokkaidostücken)

¼ mittelgroße Avocado, geschält und entkernt

360 ml Mandelmilch, ungesüßt

2 EL Kokosbutter in Rohkostqualität

2 TL rohes Maca-Pulver in Bio-Qualität

2 EL Yacónsirup in Rohkostqualität oder Ahornsirup

1 TL naturreiner Vanilleextrakt

½ TL gemahlener Zimt

⅛ TL gemahlene Nelken

1 Prise Meersalz

1 Prise gemahlener Piment

Zubereitung:

Alle Zutaten in den Mixer geben und auf höchster Stufe 20 Sekunden lang pürieren oder bis Ihr Smoothie eine glatte, cremige Konsistenz hat.

Sofort genüsslich trinken!

✦WOHLTUENDE YAMSMILCH✦

Diese cremige Mischung liebe ich wirklich über alles! Sie schmeckt nicht nur unglaublich lecker, sondern steckt auch voller Antioxidantien, hilft gegen Entzündungen, stärkt die Libido und feuert sowohl Ihre Energie als auch Ihre Verdauung an. Haben Sie Lust bekommen auf diesen vitalstoffreichen Muntermacher? Kurkuma und Yamswurzel sind die Verbündeten gegen alle Arten von Entzündungen. Maca bringt Ihre Libido auf Touren, Datteln verleihen diesem Drink Süße und Energie und alle wärmenden Gewürze unterstützen den Stoffwechsel sowie den Kreislauf. Der Geschmack dieses cremigen Wunders ist ein unglaublich leckerer Mix aus wärmender Würze, natürlicher Süße und einem Hauch von Nuss. Nehmen Sie die Yamsmilch am besten morgens oder mittags zu sich und genießen Sie einen sanften, aber anhaltenden Energieschub.

Zubereitungszeit: 10 Minuten

Geräte: Entsafter, Mixer

Ergibt: etwa ½ Liter Milch

Zutaten:

etwa 1 cm frische Ingwerwurzel, geschält

1 mittelgroße Yamswurzel, geschält

3 Medjoul-Datteln, entkernt

½ TL gemahlene Kurkuma

2 TL rohes Maca-Pulver in Bio-Qualität

240 ml Mandelmilch, ungesüßt

¼ TL gemahlener Zimt

1 Prise gemahlene Gewürznelken

1 Prise gemahlene Muskatnuss

1 Prise gemahlener Kardamom

Zubereitung:

Ingwer und Yamswurzel in den Entsafter geben.

Den Saft in den Mixer füllen und Datteln, Kurkuma, Maca, Mandelmilch, Zimt, Nelken, Muskatnuss und Kardamom dazugeben.

Auf höchster Stufe 20 Sekunden pürieren oder bis Ihr Smoothie eine glatte, cremige Konsistenz hat. Genießen Sie diesen himmlisch cremigen Power-Drink in kleinen Schlucken!

✦FEURIGER MACA-MEXI-SCHAUM✦

Gestatten Sie sich doch heute einmal etwas unwiderstehlich Leckeres! Der intensive Geschmack von Kakao, feurigen Gewürzen und Malz in dieser genialen und cremigen Kreation erfreut Ihre Libido, bringt Ihre Gefühle ins Gleichgewicht und hebt sanft Ihr Energieniveau. Genießen Sie diesen schaumigen Drink als hervorragende Alternative zu ihrem gewohnten Frühstückskaffee. Er versorgt Sie mit Energie und gleichzeitig mit jeder Menge Antioxidantien und anderen Vitalstoffen wie Magnesium, Vitamin A und Präbiotika – das sind Ballaststoffe aus der Nahrung, die das Wachstum hilfreicher Bakterien fördern. Jeder Schluck wird Sie mit sättigenden Nährstoffen verwöhnen und Ihnen ein harmonisches Körpergefühl geben. Ein guter Start in einen Tag voller Wohlbefinden!

Zubereitungszeit: 10 Minuten

Utensilien und Geräte: kleiner Topf, Milchschäumer

Ergibt: etwa 355 ml Schaum

Zutaten:

180 ml Mandelmilch, ungesüßt

120 ml Kokoswasser

1 EL Kakaopulver in Rohkostqualität

1 TL rohes Maca-Pulver in Bio-Qualität

1 TL naturreiner Vanilleextrakt

¼ TL gemahlener Zimt

⅛ TL Cayennepfeffer (nach Belieben)

1 EL Yacónsirup in Rohkostqualität oder Ahornsirup

Zubereitung:

Die Mandelmilch mit dem Kokoswasser in einem kleinen Topf bei mittlerer bis großer Hitze erwärmen (aber nicht zum Kochen bringen).

Die Mischung mit dem Milchschäumer so lange aufschäumen, bis die gewünschte schaumige Konsistenz erreicht ist. Gießen Sie dann das Ganze in Ihre Lieblingstasse.

Nun brauchen Sie nur noch Kakao, Maca, Vanille, Zimt, Cayennepfeffer und Yacón oder Ahornsirup unterrühren – und schon ist der leckere Maca-Mexi-Schaum fertig!

✦LOVER-SMOOTHIE✦

Dieser Drink hat seinen Namen aus zwei Gründen verdient: Zum einen verwöhnt er Sie liebevoll und zum anderen hat er durch die Zugabe von Maca eine aphrodisierende Wirkung. Ihre Hormone werden reguliert und Ihre sexuelle Lust wird verstärkt. Diese herrliche Kombination aus süßen, antioxidantienreichen Erdbeeren und kaliumspendender Banane wird Sie begeistern! Abgerundet wird das Ganze durch Kokosmilch, süßes kühlendes Kokoswasser und erfrischend würziges Basilikum. In diese köstliche Mischung werden Sie sich garantiert Hals über Kopf verlieben!

Zubereitungszeit: 5 Minuten

Geräte: Mixer

Ergibt: etwa ½ Liter Smoothie

Zutaten:

150 g frische oder tiefgefrorene Erdbeeren

1 kleine Banane

120 ml Kokoswasser

120 ml Kokosmilch

2 TL rohes Maca-Pulver in Bio-Qualität

6 große Basilikumblätter

Zubereitung:

Erdbeeren, Banane, Kokoswasser, Kokosmilch, Maca und Basilikum in den Mixer geben. Auf höchster Stufe 20 Sekunden oder so lange pürieren, bis Ihr Smoothie eine homogene, cremige Konsistenz hat.

Lassen Sie sich von diesem Lover einfach verzaubern!

✦ZITRONEN-ROSMARIN-SHAKE✦

Diese ungewöhnliche Mischung ist einfach umwerfend gut! Ich habe sie entdeckt, als ich gerade mit Zitrone und Rosmarin als Sauce für Pasta mit Zucchini herumexperimentierte und ein bisschen von diesem und etwas von jenem dazugab. Dann habe ich mich plötzlich gefragt, wie lecker diese Geschmackskombination wohl als Getränk schmecken würde. Noch ein paar andere kleine Zutaten dazu und schon war das Ganze fertig zum Probieren. Zitronensaft und -schale wirken entgiftend und sorgen für eine gesunde Leber. Die frische Ingwerwurzel räumt Ihren Magen auf und hilft Ihnen bei der Verdauung. Die Inhaltsstoffe von Rosmarin verbessern den Blutfluss zum Gehirn und sorgen so für mehr Konzentration und ein besseres Gedächtnis. Mixen Sie sich diesen Power-Shake, wenn Sie das nächste Mal Ihre kleinen grauen Zellen auf Vordermann bringen wollen. Sie können den Drink kalt oder warm genießen. Wenn Sie ihn warm trinken wollen: einfach Kokosmilch erhitzen, alle Zutaten außer dem Eis hinzufügen und aufschäumen. Mmmmmhhh, einfach köstlich!

Zubereitungszeit: 5 Minuten

Geräte: Mixer

Ergibt: etwa ½ Liter Shake

Zutaten:

Saft von 1 Zitrone, frisch ausgepresst

½ TL Zitronenschale
(von einer Bio-Zitrone!)

etwa ½ cm frische Ingwerwurzel,
geschält und gerieben

4 Rosmarinnadeln

2 TL rohes Maca-Pulver
in Bio-Qualität

2 EL kalt gepresste Kokosbutter
in Bio-Qualität

360 ml Kokosmilch light

10 Eiswürfel

Zubereitung:

Alle Zutaten in den Mixer geben und so lange pürieren, bis die Mischung schön schaumig ist.

Genießen Sie diesen köstlichen Drink sofort!

KAPITEL 18

YACÓN

SÜSSUNGSMITTEL MIT NIEDRIGEM GLYKÄMISCHEN INDEX UND VERDAUUNGSHELFER

REZEPTE

Chiller-Cider

Mein grüner Liebling

Mate-Chai

Feuriger Süßkartoffel-Smoothie

Sweet Maria

Yacón ist eine in den Anden beheimatete Knolle, deren Name „Wasserwurzel" bedeutet. In Peru wird sie auch „Erdapfel" genannt. Diese Wurzel produziert ein Süßungsmittel, das bei Rohköstlern und Veganern immer beliebter wird, aber noch nicht in aller Munde ist. Diese der Süßkartoffel ähnliche Wurzel ist beim Reinbeißen knackig und saftig wie ein Apfel und schmeckt auch so. Frische Yacónwurzel soll angeblich einen Geschmack haben, der an Wassermelonen erinnert.

Die Yacónwurzel stammt also ursprünglich aus Südamerika und ist dort auch heute noch weit verbreitet. Meist wird sie frisch und mit Zitronen- oder Limettensaft beträufelt gegessen. Oder man kann sie zusammen mit anderen einheimischen süßen Köstlichkeiten als exotischen Fruchtsalat genießen. Peruaner und Südamerikaner aus anderen Ländern rösten sie auch oft, backen sie im Ofen oder machen Püree daraus, das mit Fleisch und Bohnen serviert wird.

In Ecuador wird die Wurzel auch als „Jicama" bezeichnet. Tatsächlich ist sie jedoch mit dieser süßen Wurzel nicht verwandt, sondern gehört ebenso wie der sehr stärkehaltige Topinambur zur Familie der Sonnenblumen. Leider haben stärkehaltige Nahrungsmittel einen schlechten Ruf, da sie einen hohen glykämischen Index haben und für übergewichtige Menschen, die abnehmen wollen, oder für Menschen, die auf ihren Blutzucker achten müssen, nicht geeignet sind. In Wahrheit kann man aber nicht alle stärkehaltigen Wurzeln oder Gemüse einfach über einen Kamm scheren – und Yacón ist dabei eine Kategorie für sich.

DIE SÜSSE KNOLLE, DIE IHREN BLUTZUCKER AUSGLEICHT

Sirup und Pulver, das aus Yacón gewonnen wird, schmecken ähnlich wie Melasse und wirken sich ausgleichend auf Ihre Blutzuckerwerte aus, da sie keine starken Anstiege oder Spitzen erzeugen, wie das bei anderen gängigen Süßungsmitteln der Fall ist. Diese leckere und nährstoffreiche Zuckeralternative enthält eine große Menge Fruktooligosaccharide (FOS), das sind Zuckermoleküle aus einem unverdaulichen Kohlenhydrat namens „Inulin".

Diese FOS-Moleküle sind für nahezu die Hälfte des süßen Geschmacks von Yacón verantwortlich. Praktisch daran ist, dass wir zwar die natürliche Süße von

Yacón schmecken. Da wir aber kein Verdauungsenzym besitzen, das FOS hydrolisiert, passiert es unseren Verdauungstrakt praktisch unverarbeitet. Daher führt Yacón zu einer deutlich geringeren kalorischen Belastung als andere gebräuchliche Süßungsmittel und unsere Blutzuckerwerte bleiben davon unberührt. Das ist doch super, oder?

2009 führten Forscher an der argentinischen Universität *San Miguel de Tucumán* eine Studie durch, bei der übergewichtigen und insulinresistenten Probanden täglich zwei Dosen Yacónsirup verabreicht wurde. Am Ende der Studie wiesen die Teilnehmer einen deutlich niedrigeren Nüchtern-Insulinspiegel auf. Außerdem hatten sie erheblich an Gewicht und Taillenweite verloren, und auch ihr Body-Mass-Index (BMI) hatte sich deutlich verbessert.

YACÓN UNTERSTÜTZT DIE DARMGESUNDHEIT

Eine gute Darmfunktion und regelmäßiger Stuhlgang sind für unsere Gesundheit und unser Wohlbefinden sehr wichtig, denn über den Darm scheiden wir Gift- und Abfallstoffe aus, die sich andernfalls dort festsetzen oder verwesen und so Krankheiten verursachen können. Yacón sorgt, auch in diesem Falle mithilfe der FOS für die Gesundheit Ihres Darms.

Da diese Moleküle in unserem Magen nicht verdaut werden, gelangen sie unverändert in den Dickdarm, wo sie den dort angesiedelten verdauungsfördernden Bakterien als „Futter" dienen. Sie vermehren sich und können so den Darm noch besser reinigen. Diese Bakterien sind einfach lebenswichtig für uns! Sie unterstützen unser Immunsystem, gehen schädlichen Organismen an den Kragen und fördern unsere Verdauung, sodass wir mehr Giftstoffe ausscheiden können.

Kauf und Aufbewahrung von Yacón

Yacónsirup und Yacónpulver aus kontrolliert biologischem Anbau finden Sie im Internet und mittlerweile auch in den meisten Bio-Supermärkten (siehe „Bezugsquellen", Seite 198 ff.). Sirup und Pulver können in der Küche für unterschiedliche Zwecke verwendet werden: beim Backen als Ersatz für hoch glykämische Süßungsmittel, zum Süßen ungekochter Desserts, in Smoothies und zu kalten oder warmen Frühstückscerealien, zur Geschmacksabrundung von Saucen und Dressings und zur Milderung des intensiven Geschmacks von Tee oder Kaffee. Um denselben Süßungsgrad wie bei der Verwendung von Zucker zu erreichen, reicht die gleiche Menge Yacón aus.

Eine Flasche mit 250 Millilitern Yacónsirup kostet je nach Hersteller zwischen 10 und 15 Euro. Meiner Meinung nach ist es jedoch besser, hochwertige Nahrungsergänzungsmittel zu solchen Preisen zu kaufen, um jetzt etwas für die Gesundheit zu tun, als später eine hohe Arzt- oder Krankenhausrechnung bezahlen zu müssen.

In einer 2008 im Auftrag der S. Karger AG am Universitätskrankenhaus in Basel durchgeführten Studie wurden die Auswirkungen von Yacón auf die Verdauungsgeschwindigkeit (Kolon-Transit-Zeit) untersucht. Sechzehn Teilnehmern der Studie wurde täglich eine Dosis von etwa 1 Esslöffel Yacónsirup verabreicht. Die Ergebnisse dieser Studie zeigten eine signifikante Abnahme der Transit-Zeit der Abfallprodukte durch den Magen-Darm-Trakt. Zudem hatte sich bei ihnen die Häufigkeit der Stuhlausscheidung erhöht, die auch erheblich erleichtert wurde.

✦CHILLER-CIDER✦

Alle unsere Körperfunktionen werden durch Stress negativ beeinflusst, was unser Krankheitsrisiko erhöht. Deshalb sollten wir uns auch einmal erlauben, tief durchzuatmen! Wenn Sie diesen Entspannungsdrink zu sich nehmen, können Sie so richtig „chillen", eine Pause machen, die Füße hochlegen und genüsslich ein Schlückchen nach dem andern schlürfen, um Ihre Anspannung loszulassen. Ingwer und Zimt erinnern, mit frischem Apfelsaft gemischt, an würzigen Apfelwein oder Glühwein – eine herrlich entspannende Mischung! Dieser Wärme und Gemütlichkeit verbreitende Drink sorgt nicht nur dafür, dass Sie sich rundum wohlfühlen, der pfeffrig-süße Geschmack von Chiller-Cider regt auch Ihre Geschmackspapillen so angenehm an, dass sich eine wohlige Ruhe in Ihnen ausbreitet.

Zubereitungszeit: 10 Minuten

Ergibt: etwa 355 ml Cider

Zutaten:

240 ml frisch gepresster Apfelsaft, erwärmt

1 TL frische Ingwerwurzel, geschält und gerieben

¼ TL gemahlener Zimt

1 TL frischer Zitronensaft

1 EL Yacónsirup in Rohkostqualität

Zubereitung:

Geben Sie alle Zutaten in Ihre Lieblingstasse und rühren Sie das Ganze ein paarmal um.

Nun ist nur noch Chillen angesagt!

✦MEIN GRÜNER LIEBLING✦

Wenn Sie grüne Säfte einfach nicht ausstehen können, sollten Sie ihnen noch eine Chance geben. Sie werden erstaunt sein, wie wenig grün dieser Saft schmeckt. Die spritzig-schwungvollen Geschmacksnoten von Limone und Ingwer verleihen ihm eine scharfe Frische. Und die süße Yacónwurzel sowie das fruchtig-herbe Apfelaroma lassen den grünen Geschmack zur Nebensache werden. Ingwer wirkt entzündungshemmend und stärkt die Verdauung, Grünkohl und Zitrone entgiften einfach wunderbar, Sellerie stärkt das Herz, grüne Salatgurke verleiht der Haut frische Spannkraft und Glanz und Yacón süßt, ohne Ihren Blutzucker in die Höhe zu treiben. Hört sich doch gar nicht so schlecht an, oder? Seien Sie mutig und probieren Sie diesen Saft!

Zubereitungszeit: 10 Minuten

Geräte: Entsafter

Ergibt: etwa ½ Liter Saft

Zutaten:

etwa 1 cm frische Ingwerwurzel, geschält

1 mittelgroße Zitrone, geschält (mit der weißen Haut)

4 Grünkohlblätter, von den Rippen befreit

4 Stangen Sellerie

2 grüne Äpfel, halbiert und entkernt

1 mittelgroße Salatgurke, von den Enden befreit

2 EL Yacónsirup in Rohkostqualität

Zubereitung:

Ingwer, Zitrone, Grünkohl, Äpfel, Sellerie und Salatgurke in den Entsafter geben.

Den Saft in ein Glas füllen, Yacónsirup unterrühren – und genießen!

✦MATE-CHAI✦

Ich bin ein absoluter Chai-Fan und mag ihn in allen Variationen – mit Kokos- oder Vanillegeschmack, mit Rooibos-Tee und auch ganz ohne Tee. Doch Mate-Chai mag ich am liebsten! Er schmeckt einfach himmlisch gut, hebt langsam, aber stetig die Energie an und wirkt unglaublich besänftigend auf die Verdauung. Nelken, Zimt, Fenchel, Kardamom und Koriander tragen zu dieser verdauungsfördernden und die Darmfunktion stärkenden Wirkung bei. Mate-Tee enthält etwa 80 Milligramm Koffein pro Esslöffel, doch seine so zahlreichen Antioxidantien verlangsamen die Koffeinaufnahme und machen diesen stimulierenden Tee zu einem ganz behutsam, aber stetig anregenden Genuss. Yacón schmeckt süß auf der Zunge und unterstützt Ihre Darmflora. Trinken Sie dieses warme, wohltuende Getränk immer dann, wenn Sie einen sanften Energieschub brauchen.

Zubereitungszeit: 20 Minuten

Utensilien und Geräte:
Gewürz- oder Kaffeemühle, Pressfilterkanne

Ergibt: etwa 355 ml Chai

Zutaten:

2 Kardamomschoten

1 ganze Gewürznelke

6 schwarze Pfefferkörner

8 Fenchelsamen

3 ganze Koriandersamen

1 EL Bio-Mate-Tee, lose Blätter

240 ml gefiltertes heißes Wasser (bis kurz vor dem Sieden erhitzt)

etwa ½ cm frische Ingwerwurzel, geschält und gerieben

¼ TL gemahlener Zimt

120 ml Mandelmilch, ungesüßt

1–2 EL Yacónsirup in Rohkostqualität (nach Belieben)

Zubereitung:

Kardamom, Gewürznelke, Pfeffer, Fenchel und Koriander in der Gewürz- oder Kaffeemaschine mahlen, bis eine feine Mischung entsteht und beiseitestellen.

Mate-Tee und Ingwer in die Pressfilterkanne geben, mit heißem Wasser übergießen und 15 Minuten ziehen lassen.

Mandelmilch mit der Gewürzmischung und dem Zimt auf dem Herd (bis kurz vor dem Sieden) erhitzen. Den Mate-Tee dazugießen und noch einmal 1 Minute erhitzen.

Gießen Sie den Chai in Ihre Lieblingstasse, süßen Sie ihn mit Yacónsirup und gönnen Sie sich eine gemütliche Teepause!

✦FEURIGER SÜSSKARTOFFEL-SMOOTHIE✦

Diese stärkehaltige Knolle findet man nur selten in Smoothies – und genau deshalb habe ich die Süßkartoffel für diesen Smoothie ausgewählt. Seinen feurigen Geschmack verdankt er der herzstärkenden roten Chili. Süßkartoffel schmeckt auch roh gepresst sehr süß und wirkt außerdem Entzündungen im Körper kraftvoll entgegen. Vermischt man das Ganze dann noch mit immunstärkender rosa Grapefruit, süßem Kokoswasser und Yacónsirup, dann ist das Ergebnis eine einzigartige und sehr exquisite Geschmackskombination.

Zubereitungszeit: 5 Minuten

Geräte: Entsafter, Mixer

Ergibt: etwa ½ Liter Smoothie

Zutaten:

½ kleine rote Chilischote, mit oder ohne Kerne

1 mittelgroße rosa Grapefruit, geschält (mit der weißen Haut)

1 mittelgroße Süßkartoffel, gut geputzt

240 ml Kokoswasser

2 EL Yacónsirup in Rohkostqualität

Zubereitung:

Chili, Grapefruit und Süßkartoffel in dieser Reihenfolge in den Entsafter geben. Anschließend den Saft in den Mixer geben, Kokoswasser und Yacónsirup hinzufügen und pürieren, bis Ihr Smoothie eine herrlich cremige Konsistenz hat.

Genießen Sie diesen feurig scharfen Drink sofort Schluck für Schluck.

✦SWEET MARIA✦

Frischer, grüner Koriander kann starke Gefühle wecken – entweder man hasst ihn oder man liebt ihn. Wenn Sie Koriander nicht mögen, kann ich Ihre Einstellung dazu mit diesem erfrischenden Smoothie ändern und vielleicht sogar einen Korianderfan aus Ihnen machen. Wenn Sie cremige Banane mit süßer Orange kombinieren, steuert der feine Geschmack von Koriander einfach nur das gewisse Etwas dazu bei. Korianderblätter sind eine der besten pflanzlichen Quellen des Knochennährstoffs Vitamin K. Koriander passt ausgezeichnet zu frischem Limettensaft, der diesen ungewöhnlichen Mix aufpeppt. Kokoswasser wirkt kühlend und gleicht Ihren Elektrolythaushalt aus. Und Yacónsirup ist ein wahrer Geschmacksverschmelzer all dieser Inhaltsstoffe und sorgt zudem für eine gesunde Darmflora.

Zubereitungszeit: 5 Minuten

Geräte: Mixer

Ergibt: etwa ½ Liter Smoothie

Zutaten:

1 kleine Banane

240 ml frisch gepresster Orangensaft

240 ml Kokoswasser

Saft von 1 Limette, frisch ausgepresst

1 kleine Handvoll frische Korianderblätter

2 EL Yacónsirup in Rohkostqualität

Zubereitung:

Alle Zutaten in den Mixer geben und auf höchster Stufe 20 Sekunden oder so lange pürieren, bis Ihr Smoothie eine cremige Konsistenz hat.

Sofort genüsslich trinken!

KAPITEL 19

BLÜTENPOLLEN

DIE HELFER BEI ALLERGIEN

REZEPTE

Energy Booster
Lapacho-Blütenpollen-Smoothie
Smoothie für Königinnen
Tropenkuss
Blauer Wundertrank

Unsere instinktive Reaktion auf Bienen - vor ihnen flüchten oder sie verscheuchen, wenn sie um uns herum summen - ist verständlich, aber dennoch sind Bienen unerlässliche Helfer in unserer Nahrungskette. Ein Drittel unserer gesamten Nahrung ist auf die Bestäubung von Pflanzenkulturen durch Bienen angewiesen. Und einige unserer Lieblingsnahrungsmittel könnten

wir ohne die Hilfe der Bienen gar nicht genießen: beispielsweise Äpfel, Mandeln, Zucchini, Brokkoli, Tomaten, Kiwis, alle Arten von Beeren, Kokosnuss, Honigmelonen, Nektarinen, Salatgurken und Sonnenblumenkerne. Können Sie sich ein Leben ohne Blumen, frisches Obst, knackige Kerne und Nüsse vorstellen?

BEHANDELN SIE ALLERGIEN MIT BLÜTENPOLLEN

Die goldenen Kügelchen, die Honigbienen von blühenden Pflanzen ernten, kennen wir als Blütenpollen. Während die Biene von einer Blume zur nächsten fliegt, fällt einiges von den eingesammelten Pollen auf die nächste besuchte Pflanze. Dieser natürliche Vorgang wird als „Bestäubung" bezeichnet. Blütenpollen sind nicht nur absolut notwendig für das Wachstum von Pflanzen, sie haben zudem auch zahlreiche medizinisch wirksame und heilende Eigenschaften.

Die Nährstoffzusammensetzung von Blütenpollen sieht folgendermaßen aus: Sie bestehen zu etwa 60 Prozent aus Kohlenhydraten, zu 35 Prozent aus Eiweiß, zu 3 Prozent aus Mineralien und Vitaminen und zu 2 Prozent aus Fettsäuren. In der *Encyclopedia of Healing Foods* werden Blütenpollen häufig als „das beste Nahrungsmittel aus der Natur" bezeichnet, weil sie alle essenziellen Aminosäuren enthalten. Dieses Supernahrungsmittel versorgt uns auch mit den Vitaminen B und C, wichtigen Mineralstoffen, Karotin, Pflanzenhormonen und zahlreichen Flavonoiden. Flavonoide sind eine Gruppe von Pigmenten, die in Blütenpollen in Hülle und Fülle enthalten sind und hilfreiche antioxidative, antibakterielle, antivirale, antiallergische und entzündungshemmende Eigenschaften besitzen.

Dr. Joseph Mercola schreibt in seinem Artikel „Der Einsatz von Blütenpollen als Superfood", dass Blütenpollen das Immunsystem stärken, das Nervensystem beruhigen und dabei helfen können, Allergien zu lindern, die in bestimmten Jahreszeiten häufig auftreten. Es mag uns widersinnig vorkommen, jahreszeitenbedingte Allergien mit genau dem Stoff zu behandeln, der sie auslöst – nämlich mit Pollen. Eine kleine Dosis des die Allergie auslösenden Stoffes kann uns jedoch tatsächlich vor dem Ausbrechen von Allergien schützen. Diese Methode wird auch bei der sogenannten Desensibilisierung angewendet. Sie wurde Anfang des letzten Jahrhunderts an der *St. Mary's Hospital Medical School* in London entwickelt. Die Behandlung besteht darin, dem Patienten eine geringe Dosis des allergieauslösenden Stoffes zu verabreichen und dadurch eine Antikörperreaktion auszulösen, die schließlich dazu führt, dass der Körper gegen allergische Reaktionen resistent wird.

BLÜTENPOLLEN SCHÜTZEN VOR INFEKTIONEN

In einem 2005 in einer Fachzeitschrift erschienen Artikel vertraten sechs Forscher der *Hacettepe University Faculty of Science* in der Türkei die These, dass Blütenpollen die Produktion weißer Blutkörperchen erhöhen. Mehr weiße Blutkörperchen zu haben bedeutet für uns, dass unser Immunsystem gestärkt wird und dass wir besser gegen Krankheiten und Infektionen geschützt sind. In der Studie *Effect of Trifolium, Raphanus and Cistus Pollen Grains on Some Blood Parameters and Mesentery Mast Cells* (Die Auswirkungen von Klee-, Rettich- und Zistrosen-Pollen auf einige Blutwerte und mesenterische Mastzellen) wurden Versuchstiere dreißig Tage lang täglich mit 60 Milligramm Pollen gefüttert und wiesen anschließend eine Vermehrung von Lymphozyten auf. Lymphozyten gehören zu den weißen Blutkörperchen und haben eine ausschlaggebende Funktion für die Immunreaktion unseres Körpers. Sie können sich

Kauf und Aufbewahrung von Blütenpollen

Blütenpollen finden Sie in Ihrem Naturkostladen oder Bio-Supermarkt (siehe „Bezugsquellen", Seite 198 ff.). Kaufen Sie sie nur in fest verschlossenen Behältern, um eine optimale Frische zu gewährleisten. Die Pollen sollten nach dem Öffnen frisch riechen und schmecken, eine intensive gelbe Farbe haben und nicht zusammenkleben oder Klümpchen bilden. Im Kühlschrank können Sie Blütenpollen bis zu 1 Jahr aufbewahren.

Wenn Sie Blütenpollen zum Lindern von Allergiesymptomen verwenden wollen, sollten Sie nur Sorten kaufen, die in Ihrer Region natürlich vorkommen, um sicherzustellen, dass Sie genau die Symptome von Allergien bekämpfen, denen Sie täglich ausgesetzt sind. Wenn Sie Blütenpollen das erste Mal nehmen, fangen Sie am besten mit einer Dosis von ⅛ Teelöffel an, um unerwünschte allergische Reaktionen zu vermeiden. Erhöhen Sie dann langsam die Einnahme, bis Sie bei maximal 1 Teelöffel pro Tag angelangt sind.

✦ENERGY BOOSTER✦

Dieser Smoothie ist wie eine kleine Party im Glas – voller leuchtender Farben und Schwung! Er ist eine Mischung von cremiger Banane, spritzig-scharfem Ingwer, geschmackvollem Zimt und energiefördernden Blütenpollen und unterstützt Sie garantiert dabei, den Tag schwungvoll anzugehen oder sich auf einen aufregenden Abend in der City vorzubereiten. Falls die Nacht etwas zu wild war, können Sie sich diesen Drink auch am nächsten Morgen als leckeren Kater-Vertreiber zubereiten. Ingwer beruhigt Ihren Magen, Zimt reguliert den Blutzuckerspiegel, Banane und Kokoswasser versorgen Sie reichlich mit Elektrolyten und Karotten sind eine wahre Goldgrube an verjüngenden Vitaminen und Mineralstoffen! Also das ist wirklich ein Drink mit heilender Wirkung, der obendrein auch noch köstlich schmeckt!

Zubereitungszeit: 10 Minuten

Geräte: Mixer

Ergibt: etwa ½ Liter Smoothie

Zutaten:

240 ml Kokoswasser

240 ml frisch gepresster Karottensaft

1 mittelgroße Banane

etwa 1 cm frische Ingwerwurzel, geschält

½ TL gemahlener Zimt

1 TL Blütenpollen aus der Region

5 bis 6 Eiswürfel

Zubereitung:

Alle Zutaten in den Mixer geben und auf höchster Stufe 20 Sekunden lang pürieren, bis Ihr Smoothie eine homogene, cremige Konsistenz hat.

Genießen Sie diesen Power-Drink sofort in kleinen Schlucken!

✦LAPACHO-BLÜTENPOLLEN-SMOOTHIE✦

Verabschieden Sie sich frohen Herzens von saisonalen Allergien! Wenn Sie Blütenpollen und heilenden Lapacho-Tee in Ihren Speiseplan aufnehmen, können Sie lästige Allergiesymptome wie tränende Augen, eine tropfende Nase und ständige Müdigkeit reduzieren. Lapacho ist ein Baum, der in den Regenwäldern von Mittel- und Südamerika wächst. Seine Rinde enthält viel Quercetin, ein Antioxidans, das bei der Bekämpfung von Allergien eine wichtige Rolle spielt. Lapacho-Tee aus der roten Rinde dieses Baumes können sie lose oder als Teebeutel in Supermärkten, Bioläden oder im Internet kaufen. Mit diesem Smoothie führen Sie sich eine gute Portion allergievermindernder Blütenpollen in Kombination mit Heidelbeeren, Trauben und Lapacho-Tee zu, die Ihre Immunabwehr zusätzlich steigern und Ihnen einen wahren Energiekick verpassen. Ein perfekter Frühstücks-Smoothie für einen guten Start in den Tag, der Ihre Allergiesymptome in Schach hält.

Zubereitungszeit: 30 Minuten

Geräte: kleiner Krug, Pressfilterkanne, Mixer

Ergibt: etwa ½ Liter Smoothie

Zutaten:

300 ml gefiltertes, kochendes Wasser

1 EL Bio-Lapacho-Tee (lose Rindenspäne)

80 g rote kernlose Trauben

etwa 1 cm frische Ingwerwurzel, geschält

80 g frische oder tiefgefrorene Heidelbeeren

1 TL Yacónsirup in Rohkostqualität

½ TL Blütenpollen aus der Region

8 Eiswürfel

Zubereitung:

Kochendes Wasser über den Lapacho-Tee in der Pressfilterkanne gießen. Den Tee 15 Minuten ziehen lassen, dann in einen kleinen Krug füllen und im Kühlschrank weitere 15 Minuten abkühlen lassen.

Sobald der Tee kalt ist, mit den restlichen Zutaten in den Mixer geben und auf höchster Stufe 20 Sekunden oder so lange pürieren, bis Ihr Smoothie eine glatte, cremige Konsistenz hat.

Genießen Sie diesen energetisierenden Smoothie sofort Schluck für Schluck!

✦SMOOTHIE FÜR KÖNIGINNEN✦

Um sich wie eine Königin zu fühlen, sollten Sie Ihren Drink auch genießen wie eine Königin! Die Superfood-Nährstoffe in diesem süßen und gesunden Nektar sind wahrlich königlich! Sie werden sich strahlend, erfrischt und energetisiert fühlen und Ihre Geschmackspapillen werden beim Nippen an diesem exquisiten Mix in Entzücken geraten. Kiwi steuert viel Vitamin C, wirksame Anti-Aging-Stoffe und Antioxidantien bei – eine Königin muss schließlich auch königlich aussehen! Blütenpollen wirken gegen schädliche Bakterien und Viren, halten unerwünschte Giftstoffe in Schach und lassen es einfach nicht zu, dass Ihr glanzvoller Auftritt gestört wird. Gemischt mit köstlich-süßen Erdbeeren, die natürliche Schönheit fördernden Chiasamen und cremiger Mandelmilch wird dieser Smoothie Ihren Körper so gut nähren, dass Sie sich Ihren Platz auf dem Thron lang erhalten können.

Zubereitungszeit: 5 Minuten

Geräte: Mixer

Ergibt: etwa ½ Liter Smoothie

Zutaten:

30 g Spinat

80 g frische oder tiefgefrorene Erdbeeren

1 kleine Kiwi, geschält

240 ml Mandelmilch, ungesüßt

1 EL Yacónsirup in Rohkostqualität

1 EL Chiasamen

5 bis 6 Eiswürfel

½ TL Blütenpollen aus der Region

Zubereitung:

Spinat, Erdbeeren, Kiwi, Mandelmilch, Yacón, Chiasamen und Eiswürfel in den Mixer geben und auf höchster Stufe 20 Sekunden pürieren oder bis Ihr Smoothie eine homogene, cremige Konsistenz hat. In ein Glas füllen und mit Blütenpollen bestreuen.

Trinken Sie diesen königlichen Nektar sofort genüsslich!

✦TROPENKUSS✦

Die exotischen Geschmacksnoten dieses Drinks werden Sie schon beim ersten Schluck in die Tropen versetzen. Ein Cocktail aus süßen, fruchtig-herben und superköstlichen Zutaten, der eigentlich ein kleines Schirmchen und ein Stück Ananas als Dekoration verdient hat. Er ist im Nu gemixt und wird bestimmt einer Ihrer Lieblingsdrinks zu jeder Tages- und Nachtzeit! Die Hauptattraktion unter den Zutaten dieses Drinks ist frisch aufgebrühter Mate-Tee. Dieser südamerikanische Tee hat einen kräftig-herben Geschmack, enthält stolze 24 Vitamine und Mineralstoffe und 15 Aminosäuren, hat eine überwältigende Menge an Antioxidantien aufzuweisen und schiebt Ihre Energie sanft an, ohne Sie nervös und hibbelig zu machen. Vermischt mit süßem und erfrischendem Ananassaft, cremiger Banane, Kokosnuss und Blütenpollen entführt Sie dieser Smoothie auf die nächstgelegene tropische Insel. Aloha!

Zubereitungszeit: 5 Minuten

Geräte: Mixer

Ergibt: etwa ½ Liter Smoothie

Zutaten:

240 ml frisch aufgebrühter Bio-Mate-Tee, eisgekühlt
240 ml frischer Ananassaft
1 mittelgroße Banane
20 g Kokosraspel in Bio-Qualität, ungesüßt
½ TL Blütenpollen aus der Region
5 bis 6 Eiswürfel

Zubereitung:

Alle Zutaten in den Mixer geben und auf höchster Stufe 20 Sekunden oder so lange pürieren, bis Ihr Smoothie eine homogene, cremige Konsistenz hat.

Schwelgen Sie in tropischem Genuss und trinken Sie diesen Smoothie sofort Schluck für Schluck!

✦BLAUER WUNDERTRANK✦

Nur einmal an diesem Smoothie genippt, und schon haben Sie für immer Ihr kulinarisches Herz an Medjoul-Datteln verloren. Sie sind nicht nur köstlich süß, sondern enthalten auch eine ganze Palette nährender Inhaltsstoffe. Sie sind reich an Ballaststoffen und essenziellen Mineralien wie Kalium, Magnesium, Kupfer und Mangan. Dazu kommen noch cremige Banane, antioxidantienreiche Heidelbeeren, pfeffrig-scharfer Ingwer, kalziumreiche Mandelmilch und unsere geliebten Blütenpollen. Wenn Sie sich in diesen Drink verlieben, wird Ihre Liebe garantiert erhört!

Zubereitungszeit: 5 Minuten

Geräte: Mixer

Ergibt: etwa ½ Liter Smoothie

Zutaten:

80 g frische oder tiefgefrorene Heidelbeeren

etwa ½ cm frische Ingwerwurzel, geschält

½ l Mandelmilch, ungesüßt

2 Medjoul-Datteln, entkernt

1 mittelgroße Banane

5 bis 6 Eiswürfel

½ TL Blütenpollen aus der Region

Zubereitung:

Heidelbeeren, Ingwer, Mandelmilch, Datteln, Banane und Eiswürfel in den Mixer geben und auf höchster Stufe 20 Sekunden oder so lange pürieren, bis Ihr Smoothie eine glatte, cremige Konsistenz hat.

In ein Glas füllen und mit Blütenpollen bestreuen.

Trinken Sie diesen köstlichen blauen Smoothie sofort genüsslich Schluck für Schluck!

KAPITEL 20

ALOE VERA

HAUTBESÄNFTIGER UND MAGENBERUHIGER

REZEPTE

Hautschmeichler

Coco-vera-Fresca

Grüner Aloe-vera-Smoothie

Brombeerbrise

Ananassy-Saft

Wahrscheinlich haben auch Sie schon sonnenverbrannte Haut mit Aloe-vera-Gel eingerieben und waren dankbar für die sofortige Kühlung der überhitzten Haut. Die saftige Pflanze aus Nordafrika enthält zwei wichtige Inhaltsstoffe, die sie zu einem wirksamen entzündungshemmenden und hautnährenden Serum machen. Die in Aloe-vera-Gel enthaltenen Polysaccharide unterstützen das Wachstum und die Erneuerung der Haut. Glycoproteine, die ebenfalls Zuckermoleküle enthalten, wirken entzündungshemmend. Darüber hinaus hat Aloe vera eine antimikrobische und antibakterielle Wirkung und kann so auch Hautentzündungen wie Akne lindern. Vitamin C und E sind ebenfalls von Natur aus in dem Fruchtfleisch im Blattinnern der Aloe-vera-Pflanze enthalten. Sie verbessern, u. a. durch ihre feuchtigkeitsspendenden Eigenschaften, die Beschaffenheit und Elastizität der Haut und haben dazu geführt, dass Aloe vera oft als wichtiger Bestandteil in Kosmetik- und Hautpflegeprodukten eingesetzt wird.

Aber haben Sie gewusst, dass die nährende Wirkung von Aloe auch in die unteren Hautschichten eindringt? Untersuchungen haben gezeigt, dass diese Heilpflanze die Teilung von Krebszellen verlangsamen oder sogar verhindern kann. Aloe vera wirkt als Saft getrunken wie ein natürliches Abführmittel und schwemmt auf diese Weise Toxine aus dem Körper.

ALOE VERA KANN DIE KREBS-ZELLTEILUNG VERHINDERN

Mediziner haben entdeckt, dass das Gel aus den Blättern der Aloe-vera-Pflanze in der Haut tatsächlich die Krebszellteilung verhindern kann. Im September 2012 haben Forscher der Medizinischen Fakultät der *Universität Belgrad* bestätigt, dass Aloe-Emodin, ein Bestandteil der Aloe-vera-Pflanze, die weitere Zellteilung von menschlichen Hautzellen, die bereits bestrahlt wurden, wirksam aufhalten kann. In dieser Studie wurde zudem beobachtet, dass Aloe-Emodin den Zellvermehrungsprozess stoppen kann. Damit konnte die Fähigkeit von Aloe vera als wirksames Mittel zur Blockierung fortschreitender Tumorbildung durch übermäßige Sonneneinstrahlung bestätigt werden.

Zu ähnlichen Ergebnissen kamen Forscher der südkoreanischen *Gachon University of Medicine and Science* in einer Studie, die ergab, dass Aloe-Emodin eine genetische Veränderung in den Krebszellen bewirkt, was nicht nur ihr weiteres Zellwachstum verhindert, sondern auch die bereits existierenden Tumorzellen zerstört. Sollten Sie also in die bedauerliche Situation kommen, von der Sonne zu sehr „gebraten worden" zu sein, können Sie Ihre Hautzellen mit naturreinem, Aloe-vera-Gel ohne Zusatzstoffe wieder mit Feuchtigkeit versorgen. Mit „reinem Gel" meine ich das Gel, das ausschließlich aus dem Fruchtfleisch der Aloe-vera-Blätter gewonnen wird, oder Sie nehmen am besten das Fruchtfleisch direkt aus der Pflanze. Kaufen Sie aber auf keinen Fall die blau oder grün gefärbten Produkte, die manchmal in Drogerien zu finden sind! Diesem Gel wurden Konservierungsstoffe und andere Chemikalien zugesetzt, um es attraktiver zu machen, was jedoch eher schädlich sein und die positiven Eigenschaften von Aloe vera zunichtemachen kann. Wie im Buch *A Consumer's Dictionary of Cosmetic Ingredients* (Nachschlagewerk zu Inhaltsstoffen von Kosmetika für Verbraucher) beschrieben, können synthetische Farben und Pigmente die Haut reizen und sogar schädigen.

ALOE-VERA-SAFT IST EINE WOHLTAT FÜR IHREN DARM

Das Gel im Innern der Aloe-vera-Blätter ist ein nährendes Heilmittel, das die gesunde Darmflora unterstützt. Durch die Unterstützung einer regelmäßigen und vollständigen Darmentleerung können Giftstoffe besser aus dem Darm ausgeleitet werden. Dabei bleiben nützliche Mikroorganismen bestenfalls in ausreichender Menge erhalten. Ein gesundes Gleichgewicht dieser guten Darmbakterien ist eine wesentliche Voraussetzung für ein starkes Immunsystem, das wiederum zu einer effizienten Aufspaltung und Aufnahme von Nährstoffen beiträgt. Die Aloe vera ist ein natürliches Heilmittel für Ihren Darm, weil sie das Wachstum von Hefepilzen in Schach hält. Diese sind immer in unserem Darm vorhanden, bisweilen können sie aber überhandnehmen und ein verstärktes Candida-Wachstum bewirken. Candida ist ein hefeähnlicher Pilz, der bei zu starker Vermehrung Darmbeschwerden und andere Infektionen auslösen kann, wie Fußpilz,

vaginale Candida-Infektionen und sogar Soor, eine Candida-Infektion im Mund. Verstopfung und langsame Ausscheidungszeiten begünstigen das Hefewachstum. Häufige Symptome von übermäßigem Hefewachstum sind Blähungen, Völlegefühl, Heißhunger auf Zucker, juckende Haut, Hautausschläge und Verstopfung. Ein Bestandteil des Aloe-vera-Fruchtfleisches sind die Anthraquinone, die ihm seine abführenden Eigenschaften verleihen. Sie halten den Magen-Darm-Trakt sauber und unterstützen eine gesunde Darmflora. Sie helfen auch, die Giftstoffe zu lösen, die sich im Dickdarm aufgrund von Verdauungsbeschwerden häufig ansammeln. Wenn Sie also Aloe-vera-Saft trinken, lockern Sie damit angehäufte Abfallstoffe und scheiden sie sanft aus.

In einer 1991 am *Soroka Medical Center* in Beersheba (Israel) durchgeführten Studie wurden 35 nach dem Zufallsprinzip ausgewählte Männer und Frauen, die unter chronischer Verstopfung litten, mit Kapseln behandelt, die eine Mischung aus Chelidonium, Aloe vera und Psyllium (Flohsamenschalen) enthielten. Am Ende der 28-tägigen Studie berichteten die Teilnehmer, die die Kapseln eingenommen hatten, über häufigeren Stuhlgang. Ihr Stuhl war weicher und der Bedarf nach anderen Abführmitteln war geringer. Bei der Kontrollgruppe, der nur Placebos verabreicht wurden, blieb dieser Erfolg hingegen aus.

STIMULIEREN SIE IHR IMMUN-SYSTEM MIT ALOE-VERA-SAFT

Aloe-vera-Saft enthält ein komplexes Kohlenhydrat namens „Acemannan", das eine antivirale und antibakterielle Wirkung hat. Fünf Forscher der Pharmazeutischen Abteilung des *MAEER's Maharashtra Institute of Pharmacy* in Puna (Indien) entdeckten 2010, dass sich bei Aufbringen einer Salbe aus Aloe-vera-Gel, Pflanzenteilen des Niembaums und Kurkumin auf die Haut von Patienten mit Hautinfektionen eine deutliche antimykotische und leicht antibakterielle Wirkung zeigte und dass diese sogar den Heilungsprozess beschleunigte.

ALOE VERA – WENIGER IST MEHR!

Es stimmt, dass man auch von guten Dingen zu viel bekommen kann. Als maximale Tagesdosis von Aloe-vera-Saft oder -Gel werden 59 Milliliter empfohlen. Größere Mengen können jedoch unangenehme Bauchkrämpfe und Durchfall verursachen. Zudem sollte Aloe vera nur bei Bedarf und nicht regelmäßig eingenommen werden. Ein ständiger Verzehr kann zu Hautausschlägen oder Nesselsucht führen und Ihr Darm gewöhnt sich über längere Zeit an diesen Nahrungszusatz, sodass eine regelmäßige Verdauung nach dem Absetzen von Aloe vera ins Stocken geraten kann. Die *Mayo Clinic* weist auf ihrer Website zudem darauf hin, dass Menschen mit Herz- und Nierenerkrankungen oder Personen mit gestörtem Wasser-Elektrolyt-Haushalt bei der Einnahme von Aloe-vera-Produkten Vorsicht walten lassen sollten, um die Gefahr eines zu niedrigen Kaliumspiegels zu vermeiden.

Kauf und Aufbewahrung von Aloe vera

Da die Aloe-vera-Produktion in der Regel nicht staatlich oder durch unabhängige Institutionen kontrolliert wird, müssen Sie selbst beim Kauf darauf achten, Produkte höchster Güte zu erwerben. Kaufen Sie auf keinen Fall Aloe-vera-Produkte, die mit Farb- und Duftstoffen versetzt wurden, sondern nur Gel und Saft in zertifizierter Bio-Qualität oder Produkte mit dem Gütesiegel des *International Aloe Science Council (IASC)*. Und kontrollieren Sie auf dem Etikett, dass Aloe vera der einzige Inhaltsstoff ist.

Aloe-vera-Säfte oder -Trinkgel (siehe „Bezugsquellen", Seite 198 ff.) sollten Sie nur kaufen, wenn diese ausschließlich aus dem Fruchtfleisch der Aloe-vera-Pflanze hergestellt wurden, und nicht aus ganzen Blättern, denn diese Produkte können zu Bauchschmerzen und Darmkrämpfen führen. Aloe vera sollte im Kühlschrank aufbewahrt werden. Saft und Gel nach dem Öffnen am besten innerhalb von 30 Tagen aufbrauchen. Wenn es Ihnen lieber ist, können Sie aber auch einfach ungespritzte Aloe-vera-Pflanzen im Gartencenter kaufen und sich eine davon in die Küche stellen. So haben Sie das besänftigende Gel gleich zur Hand, falls sich mal jemand aus Ihrer Familie verbrennen sollte. Schneiden oder reißen Sie dafür nach Bedarf ein kleines Stückchen von einem saftigen Blatt ab und verteilen Sie das leicht zerquetschte innere Fruchtfleisch auf der Wunde. Reines Fruchtfleisch können Sie auch bei Sonnenbrand, Ausschlägen oder Akne auf der Haut zur Linderung von Rötungen, Entzündungen und Schmerzgefühl anwenden.

✦HAUTSCHMEICHLER✦

Wer wünscht sich nicht einen klareren, strahlenderen Teint? Dann nähren Sie Ihre Haut von innen heraus mit diesem süßen, fruchtig-herben und erfrischenden Hauttonikum! Das Aloe-vera-Gel wirkt Rötungen und Entzündungen entgegen und fördert die Ausscheidung von Giftstoffen. Weiße Trauben können bei Verstopfung helfen. Durch den häufigeren Besuch der Toilette bekommen Sie einen reineren Körper und strahlendere Haut. Auch die Zitrone hat entgiftende Eigenschaften. Rettiche enthalten viel Wasser, das Ihre Haut durchfeuchtet, und haben zudem desinfizierende Eigenschaften, die Hautunreinheiten und Ausschläge lindern können.

Zubereitungszeit: 5 Minuten

Geräte: Entsafter

Ergibt: etwa ½ Liter Saft

Zutaten:

1 mittelgroße Zitrone, geschält (mit der weißen Haut)

3 mittelgroße rote Rettiche

150 g weiße Trauben

1 mittelgroßer säuerlicher Apfel (z. B. die Sorte Gala), halbiert und entkernt

1 mittelgroße Salatgurke, von den Enden befreit

30 ml naturreines Aloe-vera-Trinkgel

Zubereitung:

Zitrone, Rettiche, Trauben, Apfel und Salatgurke in dieser Reihenfolge in den Entsafter geben.

Den Saft in ein Glas füllen und das Aloe-vera-Gel unterrühren.

Genießen Sie diesen reinigenden Drink sofort Schluck für Schluck.

✦COCO-VERA-FRESCA✦

Für diese unglaublich leckere und nahrhafte Fresca, die reich an Omega-3-Fettsäuren, Ballaststoffen, Mineralien und verdauungsfördernden Inhaltsstoffen ist, brauchen Sie ein bisschen Zeit. Ein perfekter Power-Drink nach dem Work-out oder als wärmender Genuss nach dem Yoga! Kokoswasser versorgt Ihren Körper mit Feuchtigkeit und gleicht den Elektrolythaushalt aus. Chiasamen liefern wichtige Proteine für die Muskelregeneration. Und Aloe vera nährt Ihre Haut, die durch übermäßiges Schwitzen rau und trocken werden kann, von innen heraus.

Zubereitungszeit: 1 Stunde
(inklusive der Abkühlzeit)

Utensilien: kleiner Glaskrug

Ergibt: etwa ½ Liter Fresca

Zutaten:

120 ml Kokoswasser sowie weitere
240 ml Kokoswasser

2 TL Chiasamen

30 ml naturreines Aloe-vera-Trinkgel

Zubereitung:

In dem Glaskrug die 120 Milliliter Kokoswasser mit den Chiasamen verrühren und 10 Minuten quellen lassen. Umrühren und nochmals 10 Minuten beiseitestellen.

Dann das restliche Kokoswasser und das Aloe-vera-Gel dazugeben. Umrühren, bis alle Zutaten gut vermischt sind und etwa 40 Minuten im Kühlschrank kalt stellen.

✦GRÜNER ALOE-VERA-SMOOTHIE✦

Diese kokosnussige, cremige Köstlichkeit ist sättigend und enthält aus ernährungsphysiologischer Sicht einen ausgewogenen Nährstoffmix. Avocado verleiht diesem grünen Drink neben Sämigkeit und Konsistenz auch eine Fülle an Ballaststoffen und gesunden Fetten. Kokosmilch enthält Laurinsäure, die antibakteriell, antimykotisch und immunstimulierend wirkt. Die Datteln unterstützen unseren Körper mit ihrer natürlichen Süße und durch viel blutbildendes Eisen. Grünkohl ist reich an Vitamin K, einem lebensnotwendigen Nährstoff für den Aufbau und die Festigkeit unserer Knochen. Eine wahre Super-Nährstoffbombe, finden Sie nicht auch?

Zubereitungszeit: 5 Minuten

Geräte: Mixer

Ergibt: etwa ½ Liter Smoothie

Zutaten:

3 große Grünkohlblätter, von den Rippen befreit und gehackt

½ mittelgroße Avocado, geschält und entkernt

½ l Kokosmilch light

10 g Kokosflakes in Bio-Qualität

4 Medjoul-Datteln, entkernt

30 ml naturreines Aloe-vera-Trinkgel

Zubereitung:

Alle Zutaten in den Mixer geben und auf höchster Stufe 20 Sekunden pürieren oder bis Ihr Smoothie eine homogene, cremige Konsistenz hat.

Genießen Sie diesen Power-Drink sofort in kleinen Schlucken.

✦BROMBEERBRISE✦

Zur Brombeerzeit gibt es fast kein anderes Obst, das noch köstlicher schmeckt. Die natürliche säuerlich-herbe Note der Brombeeren in diesem Smoothie wird ausgeglichen durch die süße Yacónwurzel mit ihrem niedrigen glykämischen Index und feuchtigkeitsspendendes Kokoswasser. Die Minze wirkt magenberuhigend und peppt diese köstlich kühlende Mischung durch ihren Geschmack auf. Kokosöl verleiht Ihnen zusätzliche Energie und regt Ihren Stoffwechsel zu einer optimalen Kalorienverbrennung an.

Zubereitungszeit: 5 Minuten

Geräte: Mixer

Ergibt: etwa ½ Liter Smoothie

Zutaten:

80 g frische Brombeeren

6 bis 8 Minzblätter

30 ml naturreines Aloe-vera-Trinkgel

1 EL Kokosöl in Rohkostqualität

2 EL Yacónsirup in Rohkostqualität

1 Prise Meersalz

½ l Kokoswasser

6 bis 8 Eiswürfel

Zubereitung:

Alle Zutaten in den Mixer geben und auf höchster Stufe 20 Sekunden lang pürieren oder bis Ihr Smoothie eine homogene, cremige Konsistenz hat.

Genießen Sie diesen Power-Drink sofort Schluck für Schluck!

✦ANANASSY-SAFT✦

Dieser einfache, erfrischende und enzymreiche Saft ist gut für Ihren Darm und Ihre Verdauung. Die frische Ananas schmeckt herrlich süß und verbindet sich perfekt mit der köstlich-saftigen Orange. Beide passen bestens zu kühlendem Kokoswasser. Dieser erfrischende Mix wird zudem verfeinert durch immunstimulierendes und verdauungsförderndes Aloe-vera-Fruchtfleisch.

Zubereitungszeit: 5 Minuten

Geräte: Entsafter

Ergibt: etwa ½ Liter Saft

Zutaten:

330 g frische Ananas

2 mittelgroße Navelorangen, geschält (mit der weißen Haut)

240 ml Kokoswasser

30 ml naturreines Aloe-vera-Trinkgel

Zubereitung:

Ananas und Orange in den Entsafter geben. Den Saft in ein großes Glas füllen. Dann Kokoswasser und Aloe vera unterrühren.

Genießen Sie diesen erfrischenden Power-Drink sofort in kleinen Schlucken.

VERZEICHNIS DER REZEPTE

Smoothies & Säfte mit ...

ANHANG

Viele der in diesem Buch vorgestellten Superfoods sind in Supermärkten, Reformhäusern, Bioläden und Biosupermärkten, manchmal sogar in Apotheken erhältlich. Die bei uns noch nicht so bekannten Nahrungsmittel gibt es nicht frisch, können jedoch über das Internet z. B. getrocknet, als Fruchtpüree, gefrorenes Mark, Säfte und Pulver bezogen werden. Unter den für ein bestimmtes Produkt angegebenen Internetadressen sind meist auch noch andere in diesem Buch vorgestellte Superfoods erhältlich. Recherchieren Sie auch selbst im Internet.

In jedem Fall lohnt es sich, zuerst vor Ort nachzufragen, ob zum Beispiel das Reformhaus oder der Biosupermarkt bestimmte Produkte über einen Großhändler bestellen kann.

Im Folgenden finden Sie eine Liste mit Vorschlägen zu den Bezugsquellen der Superfoods:

BEZUGSQUELLEN

ZUTATEN

Açai-Beeren-Pulver in Bio-Qualität: im Internet bei *www.keimling.de* und *www.tausendkraut.com* erhältlich

AFA-Algen-Pulver in Bio-Qualität, aus Wildsammlung: in gut sortierten Naturkostläden und Bio-Supermärkten bei *www.feine-algen.de* oder *www.keimling.de* erhältlich

Aloe-vera-Trinkgel, naturrein: erhalten Sie im Internet bei *www.lraloevera.de* oder bei *www.forever-living-aloe.de*; Aloe-vera-Saft, naturrein bekommen Sie in Reformhäusern, Naturkostläden und Bio-Supermärkten

Blütenpollen in Bio-Qualität: bekommen Sie in Ihrem Naturkostladen oder im Bio-Supermarkt; Blütenpollen aus der Region kaufen Sie am besten in einem fest verschlossenen Behälter bei dem Imker in Ihrer Nähe

Camu-Camu-Pulver in Rohkostqualität: www.amrita.de, *www.keimling.de* oder *www.pureraw.de*

Chiasamen, weiß oder schwarz: können Sie in Ihrem Naturkostladen oder Bio-Supermarkt kaufen und ebenso im Internet unter *www.amrita.de*, *www.puravita.de* oder *www.tigernuss.de*

Chlorella-Pulver in Bio-Qualität: bekommen Sie in gut sortierten Naturkostläden und Bio-Supermärkten sowie bei *www.amrita.de*, *www.keimling.de*, *www.terraelements.de* oder *www.zentrum-der-gesundheit.de*

Goji-Beeren, getrocknet, in Rohkostqualität: erhältlich in Naturkostläden, Bio-Supermärkten oder bei *www.amrita.de*; Goji-Beeren-Pulver in Bio-Qualität: *www.tausendkraut.com*, *www.terraelements.de*

Grünkohl: kaufen Sie am besten aus biologischem Anbau frisch auf dem regionalen Bauernmarkt vor Ort oder in Ihrem Bioladen oder -Supermarkt. Aber auch tiefgefrorener Grünkohl enthält noch zahlreiche seiner gesunden und wertvollen Inhaltsstoffe.

Hanfsamen: in Reformhäusern, Naturkostläden, Bio-Supermärkten, *www.keimling.de* oder *www.lifefood.de* erhältlich; pflanzliches Hanf-Proteinpulver: *www.organicfoodbar.de*, *www.veganfitness.de* oder *www.zentrum-der-gesundheit.de*; kalt gepresstes Hanföl in Bio-Qualität bekommen Sie in Ihrem Naturkostladen oder im Bio-Supermarkt

Kakao in Rohkostqualität: rohes Kakaopulver erhalten Sie beispielsweise bei *www.amrita.de*; rohe Kakaobutter können Sie über *www.keimling.de*, *www.pureraw.de* oder *www.rohkostgalerie.de* beziehen; rohe Kakaonibs: *www.keimling.de*, *www.pureraw.de*, *www.terraelements.de*

Kokosmilch und **Kokoswasser** in Bio-Qualität: in Naturkostläden und Bio-Supermärkten sowie bei *www.amrita.de* und *www.shop.respekt-bio.com* erhältlich

Kokosöl und **Kokosbutter** in Rohkost- und Bio-Qualität: *www.amrita.de*, *www.drgoerg.com*, *www.keimling.de* oder *www.rohkostgalerie.de*

Kokosraspel und **Kokosflakes** in Bio-Qualität: in Reformhäusern, Naturkostläden und Bio-Supermärkten erhältlich sowie bei *www.amrita.de*

Leinsamen und **kalt gepresstes Leinöl:** in Reformhäusern, Naturkostläden und Bio-Supermärkten erhältlich

Lucuma-Pulver in Bio-Qualität: *www.amrita.de*, *www.keimling.de*, *www.terraelements.de*, *www.raw-living.de*

Maca-Pulver, rohes, in Bio-Qualität: in gut sortierten Naturkostläden und Bio-Supermärkten sowie bei *www.pureraw.de*, *www.tausendkraut.de* oder *www.terraelements.de* erhältlich

Maqui-Pulver in Bio-Qualität: können Sie beispielsweise über *www.pureraw.de* oder *www.vitaminexpress.org* beziehen

Pflanzliches Proteinpulver in Rohkostqualität, in verschiedenen Geschmacksrichtungen (z. B. aus Erbsen oder Hanf): *www.organicfoodbar.de*, *www.rakuten-shop.de*, *www.veganfitness.de* oder *www.zentrum-der-gesundheit.de*

Physalis, getrocknet: bei *www.alles-vegetarisch.de*, *www.authenticnutrients.de*, *www.dragonspice.de*, *www.terraelements.de*, *www.topfruit.de* oder *www.veggiesdelight.de* erhältlich

Physalis-Pulver in Bio-Qualität: *www.navitasnaturals.com* (über *www.iherb.com* zu beziehen)

Sacha-Inchi-Samen: *www.narayana-verlag.de*;
Sacha-Inchi-Proteinpulver können Sie über *www.iherb.com* beziehen;
Infos zum Kauf von **schokolierten Sacha-Inchi-Samen** erhalten Sie über *www.german.alibaba.com*

Spirulina-Pulver in Bio-Qualität: in gut sortierten Naturkostläden und Bio-Supermärkten sowie bei *www.amrita.de*, *www.keimling.de* oder *www.terraelements.de* erhältlich

Vanilleextrakt: naturreinen Haselnuss-, Mandel-, Orangen-, Pfefferminz- oder Vanilleextrakt erhalten Sie in gut sortierten Naturkostläden, im Reformhaus oder im Bio-Supermarkt

Weizengras züchten Sie am besten selbst. Utensilien und Zutaten, die Sie dafür brauchen, erhalten Sie im zum Beispiel im Biosupermarkt, Anleitungen finden Sie im Internet (einfach „Weizengras selbst züchten" in Ihre Suchmaschine eingeben).

Weizengras-Pulver in Bio-Qualität: in gut sortierten Naturkostläden und Bio-Supermärkten erhältlich sowie bei *www.terraelements.de*, *www.zentrum-der-gesundheit.de* oder *www.vegan-wonderland.de*

Tiefgefrorenen Weizengrassaft können Sie im Internet bei *www.frischesweizengras.de* oder bei *www.weizengrassaft.com* bestellen

HILFREICHE KÜCHENGERÄTE

Entsafter: Champion-Entsafter bekommen Sie im Internet bei *www.keimling.de* oder bei *www.perfektegesundheit.de*

Mixer: Vitamix TNC 5200: *www.amrita.de*, *www.gruenesmoothies.de*, *www.keimling.de* oder Personal Blender PB 200 (auch mit Nuss-Mahlwerk er-hältlich): *www.gruenesmoothies.de*, *www.keimling.de*

Wasserfilter: *www.acalawasserfilter.de*,
www.amrita.de; Informationen zum Thema „Wasserfilter" finden Sie unter *www.info-wasserfilter.de*

WISSENSWERTES

Informationen und Forschung zum Thema „Nahrungsmittel und Ernährung" aus den USA: *PubMed,*
U.S. National Library of Medicine, National Institutes of Health, www.ncbi.nlm.nih.gov/pubmed (Enthält mehr als
21 Millionen Literaturstellen zur biomedizinischen Literatur aus MEDLINE, Zeitschriften zur Biowissenschaft und
online-Büchern/e-Books). *U.S. Department of Agriculture National Nutrient Database for Standard Reference,*
http://ndb.nal.usda.gov (Informiert über die Nährstoffe von fast 8000 Nahrungsmitteln, Suchkriterien: Nahrungsmittel, Nahrungsmittelgruppe oder Nahrungsmittelregister).

Säure-Basen-Gleichgewicht: Informationen zu diesem Thema sowie eine sogenannte PRAL-Tabelle finden Sie
im Internet beispielsweise unter: *www.entsäuern-entschlacken.com* oder *www.säure-basen-forum.de*

Informationen zu Veranstaltungen der Autorin sowie zu ihrem Buch *Balanced Raw. Combine Raw and Cooked*
Foods for Optimal Health, Weight Loss, and Vitality können Sie im Internet unter *www.goodreads.com* erhalten.
Die Website der Autorin finden Sie unter *www.hautehealthnow.com.*

LITERATUREMPFEHLUNGEN

Arndt, Ulrich: *Spirulina, Chlorella, AFA-Algen. Lichtvolle Power-Nahrung für Körper und Geist.* 2. erweiterte Neuauflage. Emmendingen: Hans-Nietsch-Verlag 2014

Baginski, Bodo J., und Sharamon, Shalila: *Goji. Die ultimative Superfrucht mit großem Nährstoffprofil.* 8. Auflage. Oberstdorf: Windpferd Verlag 2013

Boone, Lauri: *Das große Buch der Superfoods. Pflanzliche Supernahrung von Avocado bis Weizengras. Für Gesundheit, Leistungsfähigkeit und das persönliche Wohlfühlgewicht.* Emmendingen: Hans-Nietsch-Verlag 2013

Boutenko, Victoria: *Green for Live.* Freiburg: Hans-Nietsch-Verlag 2009

Boutenko, Victoria: *Grüne Smoothies: lecker, gesund & schnell zubereitet.* Emmendingen: Hans-Nietsch-Verlag 2010

Bräutigam, Gabriele: *Wilde Grüne Smoothies. 50 Wildkräuter – 50 Rezepte.* Emmendingen: Hans-Nietsch-Verlag 2013

Calabrese, Karyn: *Innere Reinigung. Das Detox-Programm zur Harmonisierung und Regeneration von Körper und Geist.* Emmendingen: Hans-Nietsch-Verlag 2012

Dolinscheck, Karl-Heinz und Baltin, Hartmut: *Maca. Die heilige Pflanze der Inkas. Liebe, Leistung, Lebenskraft.* Wien/Österreich: Verlagshaus der Ärzte 2009

Hamann, Brigitte: *Die 50 besten Superfoods. Gesundheit kann man essen.* Rottenburg a. N.: Kopp Verlag 2012

Hartmann, Milan: *Superfood-Smoothies. Power-Drinks mit den besten Zutaten für einen gesunden Energiekick.* Emmendingen: Hans-Nietsch-Verlag 2013

Königs, Peter: *Das Kokosbuch. Natürlich heilen und genießen mit Kokosöl und Co.* Kirchzarten: VAK-Verlag 2012

Marunik, Eliq: *Vegane Smoothies. Natürliche Power aus dem Glas.* Potsdam: h.f.ullmann publishing 2012

Meyer, Marianne E.: *Spirulina. Das blaugrüne Wunder: Die sensationellen Heilwirkungen der natürlichen Mikroalge bei Immunschwäche, Infektionen, Anämie, Allergien, Krebs, Aids und vielem mehr.* 7. Auflage. Oberstdorf: Windpferd Verlag 2006

Simonsohn, Barbara: *Chia-Power. Chiasamen zum Heilen und Genießen mit 111 Rezepten.* Oberstdorf: Windpferd Verlag 2014

Vormann, Jürgen: *Säure-Basen-Balance.* 6. Auflage. München: Gräfe und Unzer 2012

Walker, Norman: *Frische Frucht- und Gemüsesäfte. Vitalstoffreiche Drinks für Fitness und Gesundheit.* München: Goldmann Verlag 1995

Weiss, Thorsten, und Bor, Jenny: *Super Foods – Iss dich vital, gesund und schön.* Darmstadt: Schirner Verlag 2013

Zago, Romano: *Aloe ist keine Medizin, aber sie heilt!* Saarbrücken: Das Neue Licht Verlag/Jim Humble Verlag 2013

ÜBER DIE AUTORIN

Tina Leigh, Begründerin der Website *Haute Health*, ist eine inspirierende und einfühlsame Wellness-Therapeutin, Yoga-Lehrerin und Küchenchefin für Ernährungstherapie, die sich auf achtsames Essen und ganzheitliche Transformation spezialisiert hat. Sie hat die einzigartige Fähigkeit, die Grundlagen des Ayurveda mit vegetarischen Rezepten und kulinarischem Genie zu verknüpfen und damit die unterschiedlichsten Menschen für ihre kreative Kunst zu begeistern. Dank ihrer 15-jährigen Erfahrung, ihrer großen Empathie und ihrem Engagement für ein bewusstes Leben kann sie die vielen Menschen, mit denen sie arbeitet, auf ihrer Reise zu ganzheitlichem Wohlbefinden anleiten und begleiten.

Sie ist außerdem Autorin des Buchs *Balanced Raw* und Erfinderin von *ABC Lifestyle*, einem verpflichtenden Engagement für dauerhafte Entgiftung, der sie sich auch in ihrem Programm *The Eater's Detox – A seven-day food-strong cleanse* verschrieben hat.

Lauri Boone

Superfoods for Life
CHIA

Mit 75 leckeren
Rezepten für Ihren
täglichen Speiseplan

HANS-NIETSCH-VERLAG

www.nietsch.de

Megan Roosevelt

Superfoods for Life
KOKOSNUSS

Mit 75 Rezepten
für Ihre Gesundheit
und Schönheit

HANS-NIETSCH-VERLAG

Milan Hartmann

SUPERFOOD
SMOOTHIES

Power-Drinks mit den besten Zutaten
für einen gesunden Energiekick

HANS-NIETSCH-VERLAG

ALLE REZEPTE SIND GLUTEN-FREI UND VEGAN!

LAURI BOONE

DAS GROSSE
BUCH DER
SUPER
FOODS

Pflanzliche Supernahrung
von Avocado bis Weizengras.
Für Gesundheit, Leistungsfähigkeit und das persönliche
Wohlfühlgewicht

HANS-NIETSCH-VERLAG

www.nietsch.de

IMPRESSUM

Titel der Originalausgabe: *Superfood Juices & Smoothies: 100 Delicious and Mega-Nutritious Recipes from the World's Most Powerful Superfoods*, erschienen bei *Fair Winds Press/Quarto Publishing Group*, Beverly/USA

Translation Rights arranged with *Fair Winds Press/ Quarto Publishing Group*, Beverly/USA

Lektorat: Ute Orth
Korrektorat: Hans Jürgen Kugler
Cover-Design: Kurt Liebig, Foto: Sammy Hart, Styling: Gabriele Bräutigam
Fotos Innenteil: Glenn Scott
Food-Styling: Jessica Weatherhead, Jennifer Beauchesne
Layout: Michelle Thompson/Fold & Gather Design
Satz: Kurt Liebig, Sandra Roth

Hans-Nietsch-Verlag · Am Himmelreich 7 ·79312 Emmendingen

www.nietsch.de
info@nietsch.de

ISBN 978-3-86264-332-5